U0111372

大展好書　好書大展
品嘗好書　冠群可期

大展好書　好書大展

品嘗好書·　冠群可期

武術特輯
42

〈珍貴本〉
陳式太極拳

沈家楨
顧留馨 ／編著

中國武術協會／審定

大展出版社有限公司

出版說明

　　爲了繼承和發展中華民族優秀文化遺產，挖掘整理武術優秀傳統套路，介紹武術科研成果，整理武術古籍和各地出版的優秀武術圖書，使武術圖書系列化，我們出版了這套「武術特輯」叢書。

　　「武術特輯」叢書包括歷代的優秀武術圖書和人物傳記，以及中國大陸整理的、新創編的拳械套路、理論著述和包括臺灣及港澳在內的各地出版的優秀武術圖書。總之，舉凡古今優秀武術專著、優秀套路和武林名人等，都分別編入「武術特輯」。這本《陳式太極拳》是「武術特輯」中「拳械部」「拳術類」之一，中國武術協會審定。

　　本「武術特輯」力求內容科學準確，道理深入淺出，文字通俗易懂，材料翔實，圖文並茂，便於自學，利於查閱。收入「古籍部」的圖書，經過標點校勘，力求達到較高的版本水平。我們希望「武術特輯」成爲武術工作者和愛好者喜愛的大型武術叢書。

大展出版社

目　錄

陳式太極拳簡介

　　陳式太極拳創始於明末清初的著名拳師陳王廷。陳王廷是河南溫縣陳家溝人。從陳王廷起，陳氏世代傳習太極拳，不斷對原有的拳套進行加工提煉，逐步形成近代所流傳的一、二路拳套。這兩套拳式的連貫動作，都是經過精心編排的，動作的速度和強度不同，身法、運動量和難度也不相同，但都符合循序漸進和剛柔相濟的原則。

　　第一路拳的動作較簡單，柔多剛少，以掤捋擠按四正勁的運用為主，以採挒肘靠四隅手的運用為輔；用力方法以纏絲勁為主，發勁為輔；動作力求柔順，以化勁為基礎，用柔迎剛和化剛，在外形上具有緩、柔、穩的特色。

　　初練時，動作力求徐緩，並著重纏絲勁的鍛鍊。動作起來以身法領導手法，要求達到動分（離心力）、靜合（向心力）不斷變化的效果。由於動作速度較慢，拳架分高、中、低，運動量可以調節，因此既適於身體較好的人用來增強體質，也適於體弱和某些慢性病患者療病保健。

　　第二路（炮捶）動作較複雜，要求疾速、緊湊，剛多柔少；用勁以採挒肘靠為主，以掤捋擠按為輔；動作力求堅剛、迅速，著重彈性勁的鍛鍊。套路中有「竄蹦跳躍，騰挪閃戰」的動作，具有快、剛、躍的特色。

　　從外形來看，它的快、剛、躍雖與其他拳種似無區別，

但在本質上仍具特點：它在運動時不斷旋腰轉脊，旋腕轉膀和旋踝轉膝，形成一動全動，貫串整體的一系列螺旋動作，從而可收到開與放、合與收和開中寓合、合中寓開的統一功用。這路拳由於速度快，爆發力強，比較適於青壯年或體力較好的人練習。

透過套路的鍛鍊，可以逐步揣摸太極拳剛柔相濟等技法的內容和要領，即所謂「知己的功夫」。為了運用沾、連、黏、隨的方法以求得懂勁，陳式太極拳還創造了對抗性的推手，也就是「知彼功夫」。陳式太極拳的推手強調捨己從人，根據對方的外力來發揮自己的技法。對方動急則急應，對方動緩則緩隨。因而走架子和推手要交替練習，才能掌握懂勁的功夫，達到熟練程度。

陳式太極拳是古老的拳種，其他流派的太極拳（如楊式、吳式、武式、孫式），都是在陳式太極拳的基礎上發展創新的。陳式太極拳在動作上柔化剛發的技擊特點保存較多，學習和研究這派太極拳，對武術的繼承和創新有很大的參考價值。

本書介紹的一、二路太極拳，是已故太極拳師陳發科（陳王廷的後代，1887－1957）晚年所定的拳式。

第一章
陳式太極拳的八個特點

　　太極拳是我們祖先在長期生活實踐中創造和逐漸發展起來的一種優秀拳種。經過幾百年的反覆實踐和不斷總結經驗，人們才逐步認識它的內在聯繫和運動規律。前人留下的太極拳拳譜，就是這種實踐的總結。

　　它給我們研究太極拳提供了寶貴的線索，可以幫助我們更好地學習太極拳。但前人因受時代限制，理論中糟粕也不少，因此，我們在實踐中應該結合我們新的認識來加以檢驗，剔除其糟粕，吸取其精華，進一步掌握其正確的理論，使這種拳種能更好地為人民保健事業服務。因此，學太極拳時，一開始就必須緊緊掌握這些太極拳拳譜中的正確理論，並熟悉它的關鍵所在，融會貫通，然後再從這個基礎上向前發展，逐步深入。

　　太極拳在整個運動過程中自始至終都貫串著「陰陽」和「虛實」，這在太極拳動作上表現為每個拳式都具有「開與合」、「圓與方」、「卷與放」、「虛與實」、「輕與沉」、「柔與剛」和「慢與快」，並在動作中有左右、上下、裡外、大小和進退等對立統一的獨特形式。這是構成太極拳的基本原則。

　　太極拳不僅在外形上是獨特的，而且在內功上也有其特

殊的要求。練太極拳時，首先要用意不用拙力，所以太極拳在內是意氣運動，在外則是神氣鼓蕩運動，也就是說既要練意，又要練氣。這種意氣運動的特點是太極拳的精華所在，並統領著太極拳的其他各種特點。

此外，練太極拳時在全身放長和順逆纏絲相互變換之下，動作要求表現出能柔能剛，且富彈性。它的動態，要求一動全動，節節貫串，相連不斷，一氣呵成。它的速度，要求有慢有快，快慢相間。它的力量，要求有柔有剛，剛柔相濟。它的立身與動作，要求中正不偏，虛中有實、實中有虛和開中寓合、合中寓開。具備了這些條件，太極拳才能充分發揮它的特殊作用。

在體育保健上，不僅能增強運動器官與內臟器官，並能鍛鍊和增強意識的指揮能力，亦即「用意不用力」的能力，可以順利地指揮著氣活躍於全身。這樣就既練了氣，也練了意，意氣相互增長與強旺，身體自然強壯。同樣，在技擊上也有其獨特的作用：可以以輕制重，以慢制快，克制自然，並掌握自然，動作起來可以一動全動，「周身一家」，達到知己知彼和知機知勢①的懂勁功夫。

陳式太極拳的理論同其它各派太極拳理論有相同之處，也有不同之處。現將陳式太極拳的特點一一分述如下。

---

①知機是知道時間，掌握時間；知勢是知道空間，掌握空間。

第一特點　大腦支配下的意氣運動

拳譜規定：
　(1)「以心行氣，務令沉著，乃能收斂入骨」；
　(2)「以氣運身，務令順遂，乃能便利從心」；
　(3)「心為令，氣為旗」，「氣以直養而無害」；
　(4)「全身意在神，不在氣，在氣則滯」。

　　從上列四項規定可以看出，太極拳是用意練意的拳，也是行氣練氣的拳。但練拳時，要「以心行氣」：心為發令者，氣為奉令而行的「傳旗」；一舉一動均要有意不用力，先意動而後形動，這樣才能做到「意到氣到」，氣到勁到，動作才能沉著，久練之後氣才能收斂入骨，達到「行氣」最深入的功夫。因此，可以說太極拳是一種意氣運動。

　　「以心行氣」、「以氣運身」和用意不用拙力，是太極拳的第一個特點。

一、內氣和用意

　　正如上述，氣受意的指揮，而這氣並非一般所說的那種肺呼吸的空氣，而是一種「內氣」。這種氣在中國醫學理論中叫做「元氣」、「正氣」、經絡中通行的氣、「先天氣」等，認為是從母胎中秉承下來的；在針灸和氣功療法中，至今尚沿用此說。

　　武術家們則把這種氣叫做「中氣」、「內氣」、「內

勁」等，認為練到有了此氣出現並掌握此氣，功夫才算「到家」，等等。

總之，自古以來，無論中國醫學理論，或武術界、宗教界都認為有這種氣存在，各種實踐經驗也證明確有這樣一種氣存在。但近代科學尚未最後查明這種氣的實質是什麼，研究中國醫學經絡學說的國內外學者對此氣的說法也不一致，無所適從。例如，有人說此氣就是神經，有人說是生物電，有人說是人體內的一種特殊分泌物，有人說是人體內的一種特殊功能系統等等，言人人殊，尚待進一步探索。

但是，人體的生理現象是整體性的，不能說意動了，而神經、生物電等不動，因此，我們在闡明拳論中所說的氣時，暫假定為神經、生物電、血液中的氧等組成的一種綜合物，假定為人體尚待查明的一種功能，目的是先繼承前輩的理論，以便我們進一步發掘。

練太極拳時，好像在做「意識體操」，要始終著重用意，肢體動作只不過是意的外部表現。這種「意識體操」隱於內的是內氣的活動過程，顯於外的則是神態和外氣的動蕩表現，因此內氣可以由內發之於外，也可由外斂之入內。

雖然，練太極拳要「以氣運身」，但練拳時不可只顧想氣在體內如何運行，而要把意注於動作中，否則就會神態呆滯，氣不僅不能暢通，而且會造成氣勢散漫的病象，使意氣兩者俱蒙其害。所以拳譜上說「意在神，不在氣，在氣則滯」。正因為如此，練拳時對外部神態的表現要特別重視，因為外部神態也就是內在心意顯露於外的表現。內意和外神不可須臾分離，內意稍一鬆解，則外神就會散漫。此點在練拳時不可不知。

陳式太極拳主張動作要有柔有剛，有圓有方，有慢有快，有開有合。我們認為這是合乎人體生理規律的。大家知道，人體動，則生物電位升高；人體靜，則電位降低。而太極拳動作的剛柔、開合和快慢等，正好促使電位隨之升降。電位升高，則血液循環加速，分壓降低，氧與血紅蛋白也就迅速離解，人就會感到有氣。在正常情況下，神經是不能長時間同樣地保持興奮的，因此，生物電一般都呈起伏狀，而太極拳動作的剛柔、快慢、方圓等滔滔不絕的起伏，也正好合乎這個規律。

　　從意氣來講，也是合乎上述規律的。上面說過，外部神態和外氣的活動是意氣顯於外的表現，代表著內在的意氣。這種神氣外顯的中心環節，主要是將內在的意識貫注於外部動作之中，並促使在動作中表現出注意力的專一、堅強和活潑無滯。但注意力的強度，與內部神經活動一樣，同樣具有提高和降低這種動蕩性的特點。因此，練拳必須適應這種特點，才能使注意力穩定。同時，也只有穩定了注意力，才不致使思想開小差。但是，在練拳當中長時間維持同等強度的注意力，這是不易做到的。

　　實際上，即使在片刻之間，注意力的動蕩度也是有高低之分的。因此，在運動過程中，如果採取風平浪靜式的無動蕩的運動，不但違背上述生理規律，同時也會破壞注意力的穩定性。所以，太極拳為了穩定注意力，採取了一系列規定（例如快慢相間、開合相寓、方圓相生和剛柔相濟等），並使它們統一於一個運動之中。

　　這些規定促使意氣運動很自然地產生動蕩，並使外部的神氣鼓蕩和內部的意氣動蕩得到協調，從而提高內在的意氣

運動，反過來促進外部的動作。

由於太極拳是意氣運動，所以久練太極拳的人，只要思想上想到某一部位，就可以產生氣的活動。因此，有不少人不惜歲月地早晚走架子，並時時校正架子，正是為了做到這點。太極拳動作練成定型以後，大腦皮層中興奮和抑制過程就能準確地按一定程序交替活動；同時，肌肉也能協調地收縮與放鬆，即或偶然受到突然的刺激，也不會使這種協調的動作受到損害。

做到這點，表明肌肉的活動與內臟器官之間已建立了極鞏固的協調關係，只要意到氣就到，氣到勁也到。

二、意氣運動的實現

還應該指出，在用意氣方面，太極拳和靜功（坐功、站功和臥功）是相同的，都著重於練意和練氣。但太極拳是在行動中練（動中求靜），所以名之為意氣運動；而靜功則無行動，單獨求靜，因此兩者不能混淆。

正因為太極拳是內外俱練，動中求靜，所以要做好內在的意氣運動，就必須很好地顯出外部的神氣鼓盪來。正如《行功心解》中說：「形如搏兔之鷹，神似捕鼠之貓」。而要做到這種內外相合和交相鍛鍊的功夫，則必須做到本章下述七個特點的要求，也就是說只有實現下述七個特點，太極拳是意氣運動這個特點才能實現。

換言之，特點雖分八個，但實際上同處於一個統一體中，有著內在聯繫，分開講只是為了方便而已。

在詳述其餘七個特點之前，先簡要闡明一下這七個特點

對貫徹意氣運動這個特點的作用。

特點二——彈性運動，就是身肢放長，也可以說因放長而生彈性的結果。綿軟的彈性是促進身肢鼓蕩的內在因素。如沒有彈性，就會使動作僵硬，也就不能再形成外顯的神氣鼓蕩，當然也就不能與內在的意氣動蕩協調起來。

特點三——螺旋運動，可增強動作的起伏動蕩性。若動作直來直去，沒有高下、裡外的翻轉，就不能導致精神、意氣與身法的起伏動蕩。為此，必須結合順逆螺旋運動的旋腕轉膀、旋踝轉腿和旋腰轉脊，以做到螺旋連貫如一的太極勁貫注於所有動作中。這樣，不動則已，動則自然形成鼓蕩之勢，成為做好意氣運動的動作核心。

特點四——調整虛實，是意氣靈換、使人產生圓活如珠感覺之本，也就是鼓蕩的動力根源。上隨下和下隨上地虛實變換，能促使神氣與身法活潑無滯，神氣鼓蕩也由此而生。如果上下不能相隨，虛實不會調整，就不能達到內勁的中正無偏。內勁偏，則使內勁與身法傾於一邊，失去支撐八面的要求。要想在內勁傾向一邊的姿勢下，使神氣得到鼓蕩是不易達到的。

特點五（節節貫串）和特點六（一氣呵成），實質上是一個特點的兩個階段：前者是指一個拳式內要求全身主要關節形成一條龍似地貫串起來，使一節一節地依次通過；後者是在練全趟架子時要拳架式式相連不斷地一氣呵成，以增大運動量，達到節節鼓蕩的具體要求。若不能節節貫串，就會產生斷勁，勁斷則無鼓蕩可言。若不能一氣呵成，則斷而不連，不連則各個拳式形成孤立而不能一氣鼓蕩。為此，這兩個特點做不好，就不能使神氣鼓蕩做得好，所以，它們是息

息相關的。

特點七（剛柔相濟）和特點八（快慢相間）是兩個對立面矛盾統一的特點，也是為了做到神氣鼓蕩，在技術上必須具備的特點。沒有這種快慢和剛柔交織一體，就不易使前幾個特點密切配合，起伏動蕩。由於這兩個特點要求做到「柔而慢」、「剛而速」，要求剛速起來猶如推進的浪頭，柔慢起來猶如退回的浪尾，所以這樣相互交織就會形成滔滔不絕的推動作用。這種剛柔相濟和快慢相間的作用，在體育上可以做到行氣柔慢和動作落點剛快，使氣行遍身軀，不致稍有痴呆之態；在技擊上能「動急則急應，動緩則緩隨」，可以做到人剛我柔的走和人柔我剛的黏。這兩個特點可以促使內部的意氣運動和外顯的神氣鼓蕩推向動蕩的高峰。

由此可知，特點一是統領著其他七個特點的特點，但同時它又必須依賴其他七個特點的幫助才能實現。它們之間的關係，猶如牡丹與綠葉，相輔相成，又相互制約，相互促進。這是初學拳時必須知道的。

為了便於掌握第一個特點，把要領概括為下述幾點。

(1)練拳時，意識要貫注在動作上，以意行氣，不可只顧默想內氣如何運行。

(2)練拳時動作要順遂、沉著，勁運到終點時要表現出勁別來，這是使意氣得到鼓蕩的三個措施。

(3)緊緊掌握外顯的神氣鼓蕩，以便做到不痴不呆，並反過來促進內在的意氣運動。

(4)善於運用其它七個特點，以便配合著來提高意氣運動。

第二特點　身肢放長的彈性運動

拳譜規定：

(1)「虛領頂勁，氣沉丹田」；
(2)「含胸拔背，沉肩墜肘」；
(3)「鬆腰圓襠，開胯屈膝」；
(4)「神聚氣斂，身手放長」。

從上列四項規定中可以看出，虛領頂勁和氣沉丹田是身軀放長，含胸拔背是以前胸作支柱把後背放長；沉肩墜肘是手臂放長；鬆腰圓襠和開胯屈膝，並使腿部得以圓活旋轉，是腿部在這種特定的姿勢下放長的結果。所以，太極拳的步法必須在圓襠鬆腰和開胯屈膝的姿勢下，用旋踝轉腿來倒換虛實。外表看，是腿的纏絲勁的表現，其實內部促進了腿的放長。

這一系列的放長，又促成了全身放長；使身肢不特產生了彈性，形成掤勁，而且因全身放長，促使精神也能自然提起。因此，只要具備了放長的姿勢，就不易發生努責鼓勁（拙力）的毛病，為自然的鬆開和身手放長提供了條件。所以身肢放長的彈性運動，就成了太極拳的第二個特點。

一、身肢放長

上面說過，練太極拳身肢必須放長，以加強全身的彈性；有了彈性，才可以進而成為掤勁。這就是說，掤勁生於

彈性，彈性生於身肢的放長。至於身體各部如何放長，現按拳譜分述如下。

（1）**虛領頂勁和氣沉丹田**——所謂頂勁虛領，是把頂勁向上虛虛領起，氣沉丹田是把氣向下沉入丹田；兩者綜合起來，在意識上就有向著相反方向拉開的意圖，這就使身軀有了放長的感覺。

（2）**含胸拔背**——含胸要求胸部既不腆出，也不凹進，使胸成為脊背拔長的支柱，因為力學上的壓桿是不允許有彎曲的。脊背就依靠這個支柱加以拔長，這就是脊背的拔長。關於這點，初學時不可誤認駝背為拔背，因為背駝就會前胸凹進，這樣就會使前胸失去支柱作用，不但使背失去拔長的彈性，同時也有害健康。

（3）**沉肩墜肘**——沉肩的主要作用是將臂部與肩部因下塌而接牢。臂與肩接牢，才能使臂生根。同時，由於墜肘，使肘與肩部之間達到放長。當手臂進行螺旋式纏絲運動時，就是以墜肘作中心的。同時，墜肘和坐腕又可以使肘與腕之間放長。因此，沉肩墜肘和坐腕是整個手臂的放長。

（4）**開胯屈膝的旋轉**——這是腿部的放長。腿是站立在地面上的，要想放長就比較困難。因此，對腿部提出了開胯屈膝的要求，要求在這種特定姿勢下（圓襠）用螺旋式的運動來變換虛實，這主要表現在膝頭的旋轉上。這樣，當腿部向外旋轉時，使外側處於放長而內側則為收縮。這種腿的旋轉配合著手、臂、身的旋轉，成為全身的旋轉，逐步上升，就可以達到其根在腳，發於腿，主宰於腰而形於手指的完整一體的勁。

綜觀上列四項規定，可見太極拳對身軀、手、足都有放

長的要求。這樣，不但因放長而產生彈性，成為太極拳基本的掤勁，而且可使人們的精神自然提起，不致產生鼓勁而成為拙力的病象①。

二、身肢放長的生理作用

肌肉在受力時，可以有一定程度的伸長，但當引起伸長的外因去掉後，它就立刻恢復原狀，這是肌肉本身固有的彈性。一般常見的運動，就是鍛鍊和提高這種彈性。根據人體生理學來看，肌肉的這種彈性收縮和放長，能起下列四種作用：

(1) 可使肌肉本身的收放能力得到良好的鍛鍊，可使肌肉內密集的微血管網通暢。

(2) 可增強組織細胞的新陳代謝，刺激身體內一切生命過程。

(3) 可增強肌肉及其它所有組織器官的氣體交換作用。

(4) 可使身體內得到更多的氧，同時還能提高各組織器官對氧的利用率。

太極拳不是一種單純的肢體運動，它表現在外部的是神態鼓蕩，姿勢極其複雜多變，隱於內的則是神聚氣斂，「以心行氣」，這已在第一特點中詳細說明了。此外，太極拳不僅內外俱練，而且還在整個身肢放長情況下進行著絞來絞去

---

①放長是使身手內具有細而長的感覺，而拙力的產生，是由於鼓勁使身手內具有粗而短的感覺。所以，身肢放長自不致發生鼓勁而成為拙力的病象。

的螺旋形順逆纏絲的運動。這樣就不但使肌肉本身的彈性得到良好的鍛鍊，並且提高了血液循環的速度，因而就能消除因血行受滯而引起的病症。這是太極拳因放長身肢和提起精神所起的重要作用之一。

此外，太極拳彈性運動對於降低血壓也有顯著的影響，因為在肌肉的收縮放長過程中能產生三磷酸和腺苷酸等有擴張血管作用的產物。同時，在進行節節貫串的活動中，肌肉內開放的微血管的數量增加了許多倍，這樣也就擴大了血管溝通的橫截面，因此可使血壓降低。

另外，在練拳時由於肌肉反覆放長與恢復，所以血管不易硬化。尤其是在絞來絞去的螺旋運動的配合下，更能防止血管硬化。多年久練太極拳的人在練拳時會覺得背上和四肢內的血管好像擴大了，運動起來使人感到輕鬆舒適，如果隔些時間不練，就會有一種閉塞的感覺。這種現象的產生，就是由於開放的微血管數目增減所致。

三、八門勁別與彈性的掤勁

太極拳要求用意不用拙力，但不是說用意不用勁，因為太極拳就是由八門勁構成的。八門勁都具有放長的彈性，所以稱為「勁」，而不稱為「力」。八門勁的名稱雖有不同，但實質上只是一個掤勁，其餘七個勁只不過因方位與作用不同而另有所稱而已。所以太極拳也可以稱為掤勁拳。現將八門勁的內容分析如下，以便更好地掌握第二特點。

(1) 在全動之下掌心由內向外纏絲，稱為掤勁；

(2) 在全動之下掌心由外到內纏絲，稱為攦勁；

（3）雙手同時將掤勁交叉向外掤出，稱為擠勁；

（4）掌心向下圈沾著一點而不離開的下掤勁，稱為按勁；

（5）兩手交叉向左右、前後雙分的掤勁，稱為採勁；

（6）將掤勁卷蓄起來，在短距離內猛然一抖而彈出的勁，稱為挒勁；

（7）手腕出了方圓圈，用二道防線肘的掤勁掤出去，稱為肘勁；

（8）肘出了方圓圈外，用三道防線身軀的掤勁掤出去，稱為靠勁；

綜合上列所說，歸根結底，內中主要練的是掤勁。掤勁是一種綿軟不斷的「彈簧勁」。這是首先須要弄清楚的問題。

四、彈性運動（掤勁）的掌握

（1）要練掤勁，首先要摧毀人身上原有的硬僵——凡是動作，例如拿起一種重物，都要用力，日久天長就使人從幼年時起就養成了鼓勁拿重和舉重的習慣。鼓勁就是努責，又叫做拙勁，而太極拳所需要的卻是全身放長的彈簧勁。因此，練太極拳應分為兩個階段：首先是消除鼓勁的階段；然後是生長新的彈簧勁的階段。舊勁不去，新勁不生，所以拳論說：「運勁如百煉鋼，何堅不摧[1]。」這就是說須經過毫

---

[1]《行功心解》是一篇指導走架子的理論性文件，不是指導兩人推手的準則。

不用拙力的千錘百煉，並在各種不同的放長和鬆開的姿勢下進行絞來絞去的揉動，才能達到極其柔軟的地步，才能摧去人身舊有的僵勁，也就是說只要運勁如百煉鋼，則什麼僵勁皆可摧去無遺。這是前輩拳師的經驗總結，所以這種化硬為柔是必不可少的階段，初學時切勿忽視。

這個階段的時間越長越好，因為只有這樣，才可以柔軟得更透徹。否則，柔軟得不透，將來就難免使練習者停留在柔少則多不易達到平衡的缺點內。

(2) 掤勁不是人身固有的勁——前面已經說過，在八門勁中掤勁是基本的。掤勁生於彈性，這種彈性勁，不僅是肌肉本身的彈性，而是在肌肉彈性的基礎上將骨骼韌帶等與肌肉聯合放長中鍛鍊出來的。所以說它不是人身固有的勁，而是必須經過久練才能產生的勁。它的發展是由無到有，由有到強。要練習這種彈性的掤勁，應該按照拳譜的上述四項規定盡量做去。其關鍵要領，還是先從用意著手，使思想上有放長的意思。這樣運用既久，再配以身肢上具體的放長，庶不致發生偏差。

(3) 神聚氣斂是加強彈性和提高掤勁的基礎——在身肢放長情況下，使人精神提起而集中，氣沉而內斂，這是一種自然產生的現象。反過來，也就是說，只要神聚氣斂，就可引導意識上具有放長的神態，促使身肢放長，從而提高彈性和增強掤勁。在神聚氣斂的一瞬間，肌肉群就會更加充分地收縮，同時反抗肌群則更加充分的放鬆，因此，久經放鬆與收縮的鍛鍊，也就自然地加強了身肢各部分的彈性，同時也提升了身體的素質。

為了便於掌握第二個特點，把要領概括為下述五點。

（1）太極拳主要是練習掤勁，掤勁生於彈性，彈性則生於身肢的放長，因此要注意身肢的放長。

（2）身軀及上部的放長，必須是虛領頂勁、氣沉丹田和含胸拔背。

（3）手足的放長，必須是沉肩墜肘、鬆腰圓襠和開胯屈膝的旋轉。

（4）練習掤勁時，先求綿軟以去掉舊力（拙力），同時放長以生長彈性的新勁。

（5）只有神聚氣斂地練拳，才是加強掤勁的內在因素。

第三特點　順逆纏絲的螺旋運動

拳譜規定：

（1）「運勁如抽絲」；

（2）「運勁如纏絲」；

（3）「任君開展與收斂，千萬不可離太極」；

（4）「妙手一運一太極，跡象化完歸烏有」。

從上列四項規定中可以看出，太極拳運動必須如抽絲的形狀。抽絲是旋轉著抽出來的，因為直抽於旋轉之中，自然就形成一種螺旋的形狀，這是曲直對立面的統一。至於纏絲勁或抽絲勁都是指著這個意思。因為在纏的過程中伸縮其四肢同樣會產生一種螺旋的形象，所以拳論說，不論開展的大動作或緊湊的小動作，千萬不可離開這種對立統一的太極勁。

練純熟之後，這種纏絲圈就越練越小，達到有圈不見圈

的境界，到那時就純以意知了[1]，所以順逆纏絲對立統一的螺旋運動就成為太極拳的第三個特點。

一、運勁如纏絲的實質

太極拳必須運勁如纏絲，或者說運勁如抽絲。這兩種形象的比方都是說，運勁的形象如螺旋。同時，這種螺旋又必須走弧線，尤如子彈通過槍膛中的來福線後，當它運動於空間時，既有螺旋形的自身旋轉，又有拋物線型的運動路線。太極拳的纏絲勁就要具有這種形象。

前面已經說明了運動必須如纏絲的意義，那麼在實際運動中應如何進行呢？說來極平凡而簡單，就是在一動全動的要求下，動作時掌心由內往外翻或由外往內翻[2]，使之形成太極圖的形象（如圖1）。同時，由於掌心內外翻轉，表現在上肢是旋腕轉膀，表現在下肢則是旋踝轉腿[3]，表現在身軀則是旋腰轉脊。三者結合起來，形成一條根在腿、主宰

---

① 楊少候先生在晚年獨創的小架子，只見發勁，不見運勁。此乃運勁圈兒小到看不出，僅將發勁顯露出來的具體表現，是緊湊不見圈的純熟功夫。

② 所謂由內往外翻或由外往內翻，皆以食指的翻轉為標準。如圖1中，手從點1到點2，此時食指的運動係由內往外翻，故為順纏；手從點2到點3，食指的運動則為由外往內翻，故為逆纏。

③ 腿部順逆纏絲的劃分，是以膝蓋的旋轉方向為標準，即當膝蓋由襠內側往前轉外向下斜纏，或由襠外側往後轉內向上斜纏，皆為順纏；當膝蓋由襠外側往前轉內向上斜纏，或由襠內側往後轉外向下斜纏，皆為逆纏。

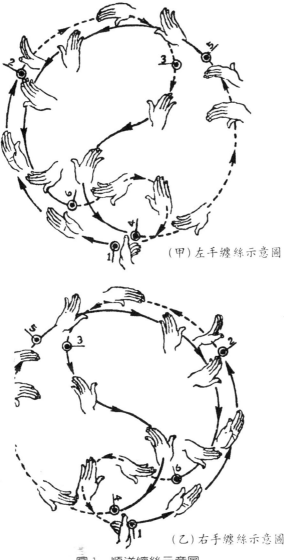

(甲)左手纏絲示意圖

(乙)右手纏絲示意圖

圖1　順逆纏絲示意圖

說明：1. 實線段爲順纏絲，虛線段爲逆纏絲

　　　2. 圖中所示各點爲順逆纏絲的轉換點

於腰而形於手指的空間旋轉曲線。

這是太極拳必須做到的要求。因此拳譜中特別提出練拳時不論是開展的放開或緊湊的收斂，都不可須臾離開「翻轉掌心」和「旋腕轉膀」的太極勁，這猶如地球環繞太陽運轉走弧線，同時地球本身還自轉著旋轉一樣。所以，太極勁不是平面的一個圈，而是立體的螺旋上升。

二、纏絲式螺旋運勁的作用

練拳時如果手是直伸直縮而不翻轉掌心，腿是前弓後坐而沒有左右旋轉配合，就會發生「頂抗」比力的缺點（如圖2）。為了糾正這個缺點，就必須用螺旋勁。因為螺旋的曲率半徑是變化的；任何壓力壓在這根螺旋杆上，都可很自然地將壓力因旋轉落空而被化去。這是科學的化勁法。從圖3就可看出它的作用。

太極拳螺旋式的纏絲是「太極」拳名稱的由來。這種螺旋式的運動是獨特的中國式的運動方式，為世界所罕有。在

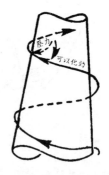

圖2　單向弧線運動示意圖　　圖3　螺旋抽絲運動示意圖

體育鍛鍊方面，它能促使全身節節貫串[1]地推動，並由此進到內外相合的一動無有不動的境界。這對內臟器官能起一種按摩的作用。同時，使顯於外的神氣發生鼓盪，因而健強了大腦皮層，從而能進一步增強全身一切組織器官。

其次，在技擊方面。纏絲勁的作用也是大的。太極拳技擊的核心是「知己知彼」和「知機知勢」的懂勁功夫。懂勁可分兩個方面：一為自己懂勁，即懂得自己動作的勁，須要從走架子中得來；二為於人懂勁，即懂得別人的勁，須從推手中得來。欲求知人，必先知己，這是認識事物的過程。

欲使走架子的「知己」達到高度純熟境界，則必須練成周身一家的功夫。周身一家的功夫是由內外相合和節節貫串中練成的，而這兩者都產生於螺旋式的纏絲動作。因此在技擊方面，纏絲勁也是極其重要的。

三、纏絲勁的種類及其要點

太極拳纏絲勁按其性能可以分為兩種基本的纏絲：一種是掌心由內往外翻的順纏絲，順纏絲內絕大多數是掤勁（如圖1中的實線段）；另一種是掌心由外往內翻的逆纏絲，逆纏絲內絕大多數的捋勁（如圖1中的虛線段）。這兩類纏絲存在於太極拳運動的一切過程中，並貫串始終。因此，在一切動作中亦皆包含著掤捋二勁的相互變化；它們是運動中的基本矛盾，同時又相互轉化於一元之中。在這兩個基本纏絲之下，因方位不同和變換各異，又分出五對不同的方位纏絲

---

①節節貫串是太極拳的第五特點。

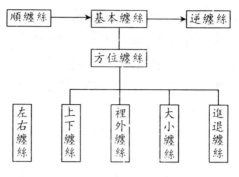

圖4　十二纏絲勁別示意圖

（如圖4）。左右和上下的方位纏絲合成為一個整圈，同時結合裡外，使平面圈變成立體圈，這正是太極式螺旋運動所必具的特色。

其次，為了在練拳時有左右逢源、連隨於人和節節貫串如周身一家起見，又有大小、進退兩對方位纏絲的配合，以滿足健身和技擊上的特殊需要。因此，太極拳每一個拳式，在順逆基本纏絲的基礎上，至少要有三對方位纏絲結合一起進行運動。只要掌握了這個規律，就可使動作在劃弧線進行運動時有了一定的依據，不論是學習或糾正拳式，也就容易多了。在練拳時如果感到某一動作有不得勢和不得勁處，就可依據纏絲的不順遂處挪動一下腰腿，以求得順遂，就可使姿勢得到糾正。所以掌握了纏絲，就是掌握了自我糾正的工具。現舉例來說明它的作用：

（1）「雲手」——這一拳式，在十三勢內是唯一包含雙順轉雙逆左右大纏絲的拳式。在運動時，兩手的基本纏絲是掌心由內往外的順纏絲，轉由外往內的逆纏絲，它的方位纏絲是左右、上下和微向裡外。左右、上下是一個平面圈，若

再使畫圈微向裡外，就可成為一條空間曲線的立體圈，可以達到氣貼脊背的功用。

(2)「白鶴亮翅」——它的基本纏絲是一順一逆，是架子內比較多的一種纏絲，它的方位纏絲是左右、上下和裡外。因為一順一逆，在左手是向裡、向下的逆纏絲，在右手是向外、向上的順纏絲，兩者合起來，在兩膊相繫[1]的要求下成為右上、左下的一個「右順左逆分掤圈」。

上述例子說明，太極拳各個拳式雖花樣繁多，轉換各別，但從它基本纏絲來分析，就極其簡單了。所有的拳式概不外乎「雙順纏絲」、「雙逆纏絲」及「一順一逆纏絲」等三種組合。若按此法經常分析和捉摸自己常走的架子，並列成表，就可成為自己練習的依據。

有了這種依據，則可分清勁別，做到內外相合和節節貫串，在提高彈性的基礎上達到正確姿勢的要求。

四、螺旋運勁的掌握

特點三是拳名太極的由來，其作用已如上述。所以前人為了使後學者做好運勁如纏絲，在《太極拳論》中作了專論，這是一篇運勁的實踐總結。其中，第一部份論述了纏絲勁。要掌握特點三，就只要按照這部份比照著去練，並作為平時檢查自己走架子的依據，就可得到正確的姿勢和動作。

---

[1] 兩膊相繫就是在運動時，兩隻臂膀好像有一根繩子相互繫住一樣，當一臂動時，另一臂亦能在使繩子基本上維持繃緊的條件下，跟著運動，也就是說，要使兩臂內始終含有掤開的掤勁。

現把這部分概括講解如下。

(1) 由精神實質上掌握特點三。

（甲）「一舉一動，周身俱要輕靈」——精神若能提起，就可無遲重的顧慮，這是求輕的方法；意氣若能靈換，則意氣就不致呆滯在某一點上，這是求靈的方法。掌握纏絲勁的第一點，就是在運勁的過程中，周身必須要輕要靈，這樣才能為做好纏絲動作提供有利條件。

（乙）「動作須節節貫串」——在運勁如纏絲之中，要輕靈，尤須貫串，這也是運勁中的一個重要環節，學習時不可忽視。其詳細內容，可參見本章第五特點。

（丙）「神宜鼓蕩，氣宜內斂」[1]——如果心意不能貫徹於動作之中而別有所思，表現了意痴神呆，則神就不易鼓蕩，同時氣亦不能內斂以從心，結果造成氣勢散漫，勁無含蓄，身法散亂。因此，首先須將心意貫徹於滔滔不絕和起伏不已的動作之中，則神自鼓蕩。其次，須使肺呼吸配合運動。由於神的鼓蕩，氣自收斂而不致散漫；氣不散漫，就可由神帶頭而同時動蕩起來。

綜觀上列三項要求，可以說「運勁輕靈與貫串，神氣鼓蕩與內斂」乃是掌握纏絲勁時所必須掌握的精神實質。

(2) 由勁別上掌握特點三。

（甲）「毋使有缺陷處」——運用纏絲勁時，不論是順或逆，務使八門勁運到螺旋的弓背上，也就是螺旋的接觸面上切不可有時在弓背，有時又陷在弓裡面，這是纏絲最易碰到的缺點。若一經陷在裡面，不但削弱了掤勁，同時也會失去纏絲中的摩擦特性。因此，若一有缺陷，勁就不能達到螺旋的接觸面上，也就失去纏絲勁的牽動作用。（如圖5）

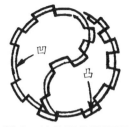

圖5　纏絲缺陷示意圖　　　圖6　抽絲凹凸示意圖

　　（乙）「毋使有凹凸處」——纏絲勁的運用線路，在所有過程中都要做到曲線緩和，形成順遂的姿勢，同時，又要求綿軟而富於彈性，這是消滅凹凸的一種方法。即使在發勁時，亦要如軟皮鞭一樣的甩出去。這樣，由於身手放長，身肢又像打了氣的輪胎，與物接觸就具有隨高逐低的黏走作用。若運勁一有凹凸，就產生稜角，發生頂抗的毛病，從而使運勁失去螺旋轉動的作用。（如圖6）

　　（丙）「毋使有斷續處」——纏絲的一切過程，無論是順纏或是逆纏，務須一纏到底。所謂「底」，乃是到達了這一拳式表現勁別的落點處，也就是接做下一式的轉關處。到了此處，由折迭轉換②接做下一纏絲，將勁接到下一拳式中。勁既不斷，也就無須續。如纏至半途將勁斷了，然後又將它接續上去，這是要不得的。因為纏絲有了斷續，就是一個空隙，這一空隙不但失去應有的牽動作用，且為對方造成得機的機勢。因此，在運勁纏絲上說是不允許的。（如圖

———————————————

①神與氣可鼓蕩，亦可內斂。所以拳論說：「欲要神氣鼓蕩，先要提起精神，神不外散。」
②折迭的意義可詳見第六特點。

圖7　纏絲不可有斷續示意圖

7）其次，即使在發勁時，雖然可以有斷續，但仍須有「勁斷意不斷，意斷神可接」的要求，即所謂斷而復連。

綜觀上列三項，說明在纏絲過程中，也就是在運勁過程中，萬不可發生缺陷、凹凸或斷續的缺點。在三個缺點中即使犯了一個，就不能再發揮纏絲勁應有的作用。這是學習時不可忽視的問題。

為了便於掌握，現把要領概括如下。

（1）纏絲勁為太極拳命名的由來，沒有纏絲勁就不能使勁環繞著身肢節節上升，達到完整一氣。

（2）須知「貫串」的要求，不僅是運勁須通過關節部份，而且還須使它通過整個關節上下的肌肉部分，這是螺旋纏絲的作用。

（3）太極拳有一對基本纏絲和五對方位纏絲是教和學太極拳的最好的工具。

（4）運勁如纏絲，只有在輕靈貫串條件下才能實現；同時，神氣方面必須鼓盪和內斂。

（5）纏絲勁的運用不可產生缺陷、凹凸和斷續等三個缺點。

第四特點　立身中正、上下相隨的
虛實運動

拳譜規定：

(1)「意氣須換得靈，乃有圓活之趣，所謂變轉虛實須留意也。」

(2)「虛實宜分清楚，一處有一處虛實，處處總有此一虛一實」。

(3)「立身須中正安舒，支撐八面」；「上下相隨人難侵」。

(4)「尾閭正中神貫頂」，「上下一條線」。

上列四項規定可以說明，太極拳的所有動作都必須分清虛實。動作能分清虛實地轉換，就可耐久不疲，這是最經濟的一種動力活動。因此，練太極拳時雙手要有虛實，雙足也要有虛實，尤其重要的是左手和左足、右手和右足要上下相隨地分清虛實，也就是說，左手實則左足應虛，右手虛則右足應實。這是調節內勁使之保持中正的中心環節。

此外，形成落點的虛中要有實，實中要有虛，從而處處總有此一虛一實，使內勁處處達到中正不偏。初學時，動作可以大虛大實，以後逐步練成小虛小實，最後達到內有虛實而外面不見有虛實的境界，這是調整虛實的最深功夫。

虛實靈換的核心，在於意氣的靈換，同時要在「中土不離位」及內勁中正情況下來完成。為此，練拳時必須「尾閭正中」，「安舒支撐八面」，「虛領頂勁」，「上下一條線」地隨時調整虛實。所以立身中正，上下相隨地調整虛實

就成為太極拳的第四個特點。

一、虛實比例

根據太極拳理論，在一切動作內都必須分清虛實，所以練拳時要注意使動作處處有此一虛一實。為了做好虛實的調整，首先必須認清虛實的正確涵義。

所謂虛，不是全無力量；所謂實，亦非全部佔煞。以雙腳來說，虛不是在這一隻腳上全無荷重，實亦非全部荷重都放在這一隻腳上（提腿、獨立和解脫擒拿等拳式例外），而不過是使虛比實的荷重輕些。這一虛實名詞的產生，在力學上來說，是由於人體總荷重的重心常有偏移。當重心偏移到右邊時，則成為右足實而左足虛，偏左時，則又成為左足實而右足虛。（如圖8）

上面說過，太極拳動力本身就產生於重心偏差的倒換中，如果沒有偏差，就是說重心正擺在中心線上，那就會形成雙重2，失去動力而形成滯重的毛病。此時如果將雙手虛虛掤起，就可成為雙沉3的功手，可使運動重新獲得轉換的動力。

虛實不是固定的，它隨著拳式變化而變換。在開始學拳時，宜採取大虛大實的姿勢，

圖8　重心偏移示意圖

（e──重心偏移）

如二八之比（二八之比是指兩腳負重的分配比例，如以全身重一百斤為例，則一腳負擔二十斤，另一腳負擔八十斤）。隨著功夫的熟練，就要轉為小虛小實的姿勢，如兩腳的負重分配比例為四六等。經過這種緊湊功夫以後，由於動度變小，即可使虛實變換得更加靈活。變換靈活的內在根由，在於意氣轉換的靈活，因而可以做到不滯住於某一面，不專注於某一點：

例如某式應注意左手，則能毫不費力地立即轉到左手上 4 。這樣就可使人在練拳時有左右逢源的感覺，產生圓活如珠滾在盤上的趣味。從姿勢上說，在任何變換下，皆不能使「中土離位」；不離位才能前後左右變換而不受阻。若身體偏於一邊來進行變換，就須經過調整才能靈換過來。這是一個失勢的空隙，並且因為多了一道手續，使行動轉慢，坐失良機。這用太極拳術語來說，稱為失機。失機、失勢是太極拳的大病，所以變換虛實只有在中正立身的情況下，才可以達到靈活轉換的要求，這是必須掌握的重要關鍵之一。

---

① 中土不離位，指人體重心不離開兩腿間距離的中間三分之一的意思，詳見圖 9。
② 雙重是雙足不分虛實，成為雙實；雙手也不分虛實，亦成為雙實。因此成為雙重，以致等於填實滯住，變換不靈，所以為病。
③ 雙沉是雙足雖未分虛實，或是微末虛實，成為雙實，但是雙手卻是全虛，或是微末虛實。這樣就成了騰虛，如十字手，為上下相隨的雙實雙虛，是為雙沉。此時兩手兩足雖然為雙虛和雙實，但內中仍有主突之分，所以不為病。
④ 這是指人的習慣多用右手，但有時應注意左手時，仍舊注意到右手上。

二、三種基本虛實

(1) **腳的虛實**——腳的虛實劃分，就是一隻腳負擔重些，另一隻腳負擔輕些。按照力學原理，身體重量的重心若位於兩腿間距離的中間三分之一的地方，就可使兩腳均有著落，稱為半輕半重①（如圖9）。如果重心位置超出了中間三分之一的範圍，則那隻虛腳就會因過虛而產生浮擺的現象，成了偏輕偏重②的病象。（如圖10）

另外，在運勁或發勁時，動作要做到曲蓄有餘。即使在發勁後，四肢亦仍不應十分伸直。因為一經伸直，在變換虛實時，就要先將直變彎，然後才能倒換伸縮。而如果是手足處於曲蓄有餘的姿勢下，則觸之就可旋轉自如，不必分心於倒換之中，這是使動作能自動化的基礎。

總之，太極拳對於雙腳的虛實要求，無論在何時何地，都須有此一虛一實的倒換，尤須逐步收小比例，使虛實的轉

圖9　半輕半重

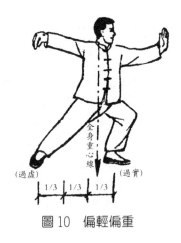

圖10　偏輕偏重

變加快。如果雙腳虛實換得不快，就不能適應手的變化，使上下不能相隨，就要分成兩歧，破壞了動作要周身一家的要求。

(2)**手的虛實**——凡是勁運到手上掤時，此手為虛，運到手下沉時，則此手為實。太極拳兩手的動作，和兩腿動作一樣，也要劃分虛實，即或雙手雙按時，如六封四閉這一拳式，亦是按四六比例來劃分的。不過手的虛實比例比腿稍有不同：功夫精進後，它的比例除個別拳式外，都在三七至四六之間，比例是大的。這是為了做到沉著鬆靜，專主一方，使以一方為主，另一方為賓而規定的。

尤其重要的是，不但肢體要換得靈，而且意氣更要換得靈，使意氣不滯於一手，特別是右手。

(3)**手與足的虛實**——劃分虛實最費功夫的，要算是一手一足上下的虛實劃分。而保健和技擊上最有作用的，也是這種手與足上下的虛實劃分。這是使步法做到連隨的核心。其要求和做法是：如右手下沉為實，則右足必虛；等到右手轉到上掤為虛時，則右足就隨上面的手轉為實；這樣做，稱為「上下相隨的分虛實」。所以在太極拳《打手歌》內說：「掤攦擠按須認真，上下相隨人難侵」，其重要性可想而知。因此，練拳時要充分檢查每一個動作是否達到了這種上

---

①半者就是人身重量的重心在兩腿間距離的中間三分之一以內，這時兩腳均有下踏勁在地面上，只不過輕重不同而已，所以稱為半有著落，或稱半輕半重，這是正確的姿勢。

②偏者指重心位置已經超出了中間三分之一的範圍，使一腳特別重，而另一腳則浮擺在地上，形成偏重於一邊，因此另一邊當然是偏輕，這就是偏無著落，或稱偏輕偏重，是一種病。

下相隨的要求。以練一趟架子來說，內中姿勢是多種多樣的，變換姿勢又是那樣地頻繁，要做到上下相隨，當然得費一番功夫，才能掌握得熟練。這種變換，除了邁步時手隨足來變換虛實外，大多數皆是足隨手來變換虛實。

總之，能做到一手一足的上下虛實，則重心位置可不出兩腿間距離的中間三分之一的範圍，使左右腿均有著落，故內勁可得到中正；內勁中正了，才能支撐八面。

這種虛實歸納到地面上的足部落點來說，是虛中有實和實中有虛。只有具備了這種上下相隨的虛實，步法才能輕靈不滯，進退自如，才可以連隨於人而不致發生丟頂的病象。同時，在熟練後推手時，只要注意與對方接觸的一隻手，則其他一手、兩足均可由此養成上下相隨的習慣，而不必再予分心，能得到自動配合的效果，也是動中求靜而得靜的關鍵。

三、虛實的掌握

上面說過，**太極拳是以分清虛實和由重心偏移而產生的偏心力矩作為動力源泉的**，這是最省力的機械作用，可使人歷久不疲。練拳時只要挪動一下重心，就可以動作起來。這種虛實鍛鍊的程序，首先是雙足的虛實，其次是雙手的虛實，最後，也是最主要的，是一手一足上下的虛實。

太極拳在練一趟架子時，雙手為了能夠弧行圈走，須忽虛忽實地不斷變換，從而促使雙足必須隨著手的虛實而調整虛實。同樣，雙足在進退時都是虛邁而出，邁到其點再落實而變為實的。這是太極拳一般的邁步要求，因此手就要隨著

足的虛實而變換虛實。這些都屬於上隨下和下隨上的上下相隨的要求，練太極拳必須遵循這個要求，並養成這種習慣。久習久練，一旦練成習慣，則人來時自然能產生自動的「連」，人走時又可自然地產生自動的「隨」，再也用不著多費心意來指揮動作了。

四、輕重浮沉與虛實

劃分虛實，粗看起來，並不是一件複雜的事，但實際上是一個非常細緻和多式多樣的學習過程。因此，為了更好地學習虛實，就必須進一步了解輕重浮沉四者與虛實的關係。拳論說：「若不窮研輕重浮沉之手，有掘井徒勞不及泉之嘆」，這說明了其重要性。

為了細緻地掌握這種虛實，應該在各個拳式中細心捉摸，找出缺點一一加以糾正。

這時有六個關鍵必須掌握，掌握了這六個關鍵，就基本上可以做到功手，而不是病手。

(1)要「半」，不要「偏」——所謂「半」，是指人身重心的偏心距未超出兩腿間距離的中間三分之一的範圍而言的，這是一種位於方圓圈內的偏心，是正確劃分虛實的標準。所謂「偏」，則指人身重心的偏心距已超出上述範圍，致使偏心出了方圓圈，是虛實分得太過的緣故。所以「半」就是有著落，不為病，而「偏」則已無著落，是病。因此分虛實時要「半」，不要「偏」。（如圖11）

(2)要「沉」，不要「重」——所謂「重」，是指過於填實而產生滯的現象。所謂「沉」，是指雖為下沉，但仍能

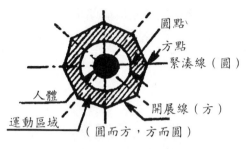

圖 11　方圓示意圖

「自爾騰虛」，也就是說，沉是在上下相隨之中產生的：如足下沉為實，而手上掤為虛，就可使實中有虛，因此「沉」不為病，而「重」為病（但半輕半重除外）。所以分虛實時，要「沉」，不要「重」。

(3)要「輕」，不要「浮」——「輕」是在方圓之內使動作表現出輕靈而有著落，而「浮」是出了方圓，使足跟浮起縹渺無著落，也就是虛得太過，因此浮是一種病象。所以，分虛實時，要「輕」，不要「浮」。

(4)三個無病的虛實——練拳時應該學習並做到「雙輕①」、「雙沉」和「半輕半重」三個無病的虛實。在這三個虛實中，又以「雙輕」、「雙沉」功夫比較細緻難做，做不好，就有流入「雙浮②」（手虛足也虛）和「雙重」（手實足也實）的可能，這是要充分加以注意的。特別是「雙輕」、「雙沉」的功手和「雙浮」、「雙重」的病手，在手足輕移中僅有毫厘之差，因此，更應防止這種差之分毫、謬之千里的可能發生。

(5)隅手是補救偏重、偏浮③的重要措施——在個人單

表 1　虛實劃分中的病手和功手

編號	病手名稱	病　象	編號	功手名稱	功　能	附　　記
1	雙　　重	病在填實	1	雙　　輕	自然輕靈	本表按照拳論《太極輕
2	雙　　浮	病在縹渺	2	雙　　沉	自爾騰虛	重浮沉解》分析所得
3	偏輕偏重	偏無著落	3	半輕半重	半有著落	全部虛實劃分共有十二
4	半浮半沉	失之不及				項，其中功手只有三
5	偏浮偏沉	失之太過				項，而病手卻有九項，
6	半重偏重	滯而不正				佔四分之三。因此，練
7	半輕偏輕	靈而不圓				習時稍有不慎，就易出
8	半沉偏沉	虛而不正				病手，應加注意
9	半浮偏浮	茫而不圓				

獨練習時，是可以做到變換虛實而不出隅的要求的，也就是
不致出方圓而發生偏重、偏浮的虛實。但是，與人推手時，
已關係到兩方面的事情，絕不能憑主觀願望片面地想不出隅
就可以不出隅。如果對方採用採、挒的隅手來硬拿、硬擊，
則自己有時也難免要出隅。因此，就不得不用隅手來補救這
種出隅的虛實，使之重新回復到方圓內來，達到半輕半重的
虛實。例如，右手出隅、左手出擊；人迎左手，則右手又可
回歸到方圓四正之內。這是補救自己虛實出隅的手法。（如

①在心意虛靈不昧和清明在躬的行氣之下虛領頂勁，上則兩膊相
　繫，下則兩腿相隨，虛實僅有微末之分，但卻能自然輕靈地轉
　換，是為雙輕，所以不為病。
②雙浮是雙手虛，雙足由於過份大虛大實，致使在運勁過程中不
　但那隻虛足浮起，連那隻過實的足在變換時也被牽動得站立不
　穩而浮起，以致全身縹渺無著落，成為雙浮，所以為病。
③所謂偏重偏浮，乃是由於同一邊的手和足上下皆虛，或上下皆
　實，使勁偏於一邊形成。因此上下相隨的分虛實，正是為了不
　致發生偏重偏浮而提出的。

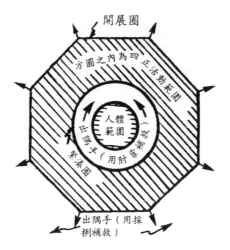

圖12　四正四隅運動範圍示意圖

圖12）

（6）要做好虛實，不要忘卻隅手——例如在推手時，如果對方是一個大開大展的俯仰傾斜者，常想用出隅的手法來制人，那麼，這時如果不敢採用或不習慣於採用隅手來對待他的隅手，而還是想用四正來對待他的四隅，與之沾黏畫圈地推動不已，則這樣的動作就違背了隅手對隔手的規定，會使自己不自覺地產生偏重、偏浮的虛實，可以說這是慣於使用四正的一種缺點。所以，拳論說：「採挒肘靠更出奇，行之不用費心機」，這恰好地說明了隅手的重要性。若忘卻隅手的掌握，就會使虛實的偏重、偏浮得不到糾正，並且還會促致自己進一步出隅。這是慣於四正忘卻四隅，成為「一條腿」所產生的缺點。

為了便於掌握第四個特點，將其要點概括如下。

（1）分清主要的三個虛實，即腳的虛實、手的虛實和一

手一足的虛實。

(2) 注意調整左手左足和右手右足——手與腳的虛實，這是「上下相隨人難侵」的主要關鍵。

(3) 要根據輕重浮沉的原則，經常檢查自己劃分虛實中的缺點。

(4) 要做到雙輕、雙沉和半輕半重這三個無病的虛實，這要刻刻留心，久久鍛鍊才能養成。

(5) 推手時不要忘卻「隅手對待隅手」的原則。四正手與四隅手要相互轉換，兩者俱練。

第五特點　腰脊帶頭、內外相合的節節貫串運動

拳譜規定：

(1)「腰脊為第一主宰，一動無有不動」；

(2)「周身節節貫串，毋使絲毫間斷」；

(3)「欲要周身一家，先要周身無有缺陷」；

(4)「行氣如九曲珠，無微不到」。

從以上四項規定中可以看出，為了達到一動全動，必須以腰脊為中心，因為腰是左右平行轉動的中軸，脊是上下彎曲的根基。太極拳動作既要一動全動，那麼在運動線路上就不能單純地左右平旋，也不能專在上下、前後做彎曲動作，而必須將腰脊聯合起來，使運動的路線形成一條既是左右，又是上下、前後的空間曲線，以建立一動全動的基礎。這就是說，只有由腰脊為中心，才可以使周身九個主要關節的運動關節①依次貫串起來。

此外，還要做到周身無缺陷，貫串如九曲圓珠，這樣功夫才可以進展到周身一家的地步。所以腰脊帶頭，內外相合的節節貫串運動，就成為太極拳的第五個特點。

一、節節貫串的實質

為了明確節節貫串的實質，試舉下半身為例加以說明。當勁起於腳跟，通過踝關節，環繞著小腿上升到膝關節，再由膝關節旋轉上升，環繞大腿到胯關節，能夠做到沒有絲毫間斷，是謂下半身的節節貫串。這說明所謂貫串，不僅在關節上動，而且應使整個腿環繞上升而動。若不經過大小腿而單由踝、膝、胯等關節動，則屬於由一節飛躍到另一節的動，這是一種「零斷勁」。因此，只有經過大小腿而上升的勁，才是真正的「貫串勁」②。

明確了貫串勁，就可以找到著力之點。若使腿前弓後塌而沒有左右旋轉，則無論怎樣也不可能將關節與肌肉貫串起來，這時就只能表現出關節的一收一放，與肌肉的放長無直接關係。手臂若是直伸直縮，情況也是如此。因此，這種貫串的要求除運用纏絲螺旋式的上升外，是無法達到的。

二、一動全動和腰脊的關係

太極拳動作，首先要求外部九個主要關節能先後貫串地運動起來，這樣才能引起內臟產生「按摩」作用。練拳時切不可幾個關節動，另幾個關節不動。

為了做到全身關節依次全動，就必須在人身上找出它的

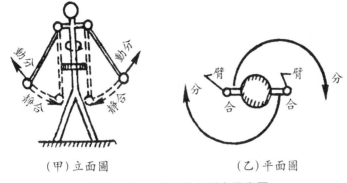

(甲)立面圖　　　　　　(乙)平面圖

圖 13　動之則分靜之則合示意圖

中心環節，並用它來領導各個關節依次運動，這樣才會使動作變得比較簡單。否則，要運用腦力來照顧九個關節依次節節俱動，這會造成顧此失彼，忙個不休，不但不能達到貫串全動的目的，並且會失去動中求靜的要求。

我們知道，腰與脊這兩個器官居於人身的中部，它們天然具有中軸的功能。因此，如果能使腰脊配合特點三的螺旋運動，就可達到節節貫串的要求，所以在太極拳中稱腰脊為第一主宰。因有這個中軸，雙手才能運用離心力和向心力的統一性，做到「動之則分，靜之則合」（如圖 13）。

三、節節貫串與增強關節

太極拳練到節節貫串以後，就可達到周身一家的功夫。

---

①九個主要關節指：頸、脊、腰、胯、膝、踝、肩、肘和腕。
②「零斷勁」僅關節運動，而「貫串勁」則肌肉與關節齊動。

練成這種功夫，只要簡單地微微一動，就能使全身內外各部配合著動起來。這種貫串各關節的運動，可以增強關節，阻止關節發生退化現象。

根據人體生理學規律，關節經常活動有助於保全關節面上軟骨組織的正常結構；如不常活動，則軟骨組織就會發生纖維性病變的退化作用。

假使長時間不活動，它的附屬器官還會進一步硬化，這樣就形成了關節不靈的強硬狀態。這些病變產生的原因，皆因潤滑關節面的骨液分泌衰退的緣故。

由此可見，太極拳節節貫串的要求，對於增強關節機能起著重要的作用。一般練太極拳都先求開展，動作開展也就擴大了人體骨骼活動的幅度。所以練太極拳時關節上常會發出一連串的響聲，使人感到輕鬆，這說明關節得到了鍛鍊；這樣不僅可以保持關節正常的功能，而且還可以使骨骼的機能不斷增強，加速關節及其周圍血液的供應，因此，至老也可健步如青年。

四、關節動度的調節

太極拳雖然要求節節貫串，一動全動，但是其動作的動度是大小不一的。人的日常動作對關節的影響是不平均的：九個關節中，轉動最易且多的是腕關節，轉動最小且少的是脊柱。而太極拳節節貫串的要求，卻與此恰恰相反：要求腕關節動得愈小愈好，而脊柱卻要求放長並動得要大些，亦即一直一彎的動度要做得大些。腕關節的動度減小了，就使人不得不擴大身法來幫助達到節節貫串的要求，不得不以腰脊

作主宰，否則就無法婉轉自如地轉過來。

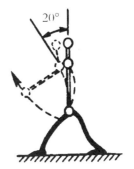

圖14　脊節動度示意圖
（動得最小的脊柱關節）

如果腕關節的動度不減小，則手腕一轉，一個動作可以與脊無關地輕易轉過去。滑過去，腰當然動得小了。所以，太極拳名家們常常說：「練太極拳要練在身上，不要練在手上」。就腕關節來說，必須將腕關節的動度減小，迫使一舉一動不得不運用身法，從腰脊上運出來。

作者有一個朋友，他練習太極拳有年，但只在手法上注意，運動沒有運到身上去，動作時只見手臂在動，身體卻像一根木棍，隨著步法前進和後退。後經別人指點，他用兩副薄板夾住兩腕（共四塊），夾板的兩端各打了兩個眼，用橡皮圈繫住夾板，僅允許腕有小的彎度。

這樣練習不久，就將從前手上的動轉移到身上去了；一經運到身上，就能動則俱動，那節節貫串的要求也有了較好的進展，神氣也漸趨鼓蕩，身肢也產生了圓活如珠的趣味。這就是減小腕關節動度來提高身法的結果。

五、節節貫串的掌握

在運動時必須由腰脊作發動機，以腰脊為中心，這樣才可以練好節節貫串的功夫。 而為了做到主宰於腰脊，不顧此失彼和不分散思想，則只有運用具有傾斜度和離心力來發動

動作（圖 15），才可以自然地把勁運到腰脊上去。所以練架子時，務須養成這種動作的習慣，這樣才可使運動時不分散心思，不但可以做到腰脊帶頭的動，而且還可做到動中得靜。「動之則分，靜之則合」是描寫離心力「動分」和「靜合」的作用。雖然由於離心力使兩膊同時螺旋地分開，

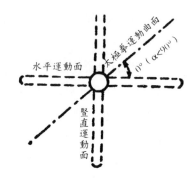

圖 15　太極拳運動曲面傾斜度示意圖

但因為兩膊相繫，在開中還寓有收合的內勁；這是屬於全身的開中寓合。

　　其次，由於不是直開直收，使手臂也就具有螺旋式的開；這是肘合腕開和腕合肘開的開中寓合和合中寓開。前者是全身的開合相寓，後者是手臂的開合相寓。

　　這種全身與手臂的開中寓合和合中寓開，乃是「太極」圖（陰陽）的具體表現。練成這種功夫，才能縱橫前後，左右逢源，觸之則旋轉自如，變化萬千，為內外俱練提供了有利條件，也是解除技擊上「頂匾丟抗」四種毛病的基礎（如圖 13）。

　　陳式太極拳第一路拳以運勁為主。在運勁過程中，同時產生了化勁，化後就要發勁，這是運動發展的規律。現代為保健目的而修改的太極拳，幾乎全是運勁，對於發勁大有刪去不用的趨勢。但是，太極拳原是運發併用的拳，因此才構成了八門五步①。所以，有人將發勁的明勁改為暗勁，以達到有發勁之意，而無發勁之形，也就是將發勁改為放勁，以

降低發勁的剛度，來適合體育鍛鍊的要求。

　　所謂發勁，是在沉肩墜肘之下，將各種曲蓄有餘的內勁引導著由脊背傳遞到手臂上再發出去的意思。所以拳譜中規定：「勁由脊發」，即由脊脫扣而發出。只有這種發勁才是中正勁，它是由全身匯合了各個關節而發出來的。所以節節貫串的原則，不論是運勁、發勁和放勁均須貫徹，因為節節貫串的運勁正是節節貫串的發勁的基礎。

　　發勁除對年老者和體弱者有些不適應外，青壯年人若能練到運發俱能的地步，不僅可練成四正、四隅的八門功能，且對增強體力大有好處。

　　由此可知，節節貫串的運動，不僅可為周身一家的功夫打下基礎，並且可為節節貫串的發勁提供條件。發勁要節節貫串，是為了能加強其勁，將勁集中於脊背，然後發出去。同時，反過來又促進了運勁，所以它們兩者相互為用，又相互增長，因此，對保健與技擊都有著極為良好的作用。

　　為了便於掌握特點五，現把要領概括如下。

　　（1）腰脊聯合作中軸，手臂動作要有傾斜度（45 度左右）；

　　（2）由中軸而產生的「動分」和「靜合」，是運用離心力達到貫串的中心關鍵；

　　（3）開中寓合、合中寓開是節節貫串和旋轉自如的具體表現；

---

①八門指八種內勁，即掤、攦、擠、按（又稱四正）和採、挒、肘、靠（又稱四隅），五步指五種步法，即前進、後退、左顧、右盼、中定。

(4) 發勁的節節貫串是加強運勁貫串的手段；

(5) 減小腕關節的動度，為提升身法作用的必要手段。

第六特點 相連不斷、滔滔不絕的 一氣呵成運動

拳譜規定：

(1)「往復須有折迭，進退須有轉換」；

(2)「收即是放，放即是收」；

(3)「勁斷意不斷，意斷神可接」；

(4)「如長江大河，滔滔不絕，一氣呵成」。

從上列四項規定中可以看出，太極拳不以一動全動為滿足，還要求在練全趟架子時能夠進一步做到一氣呵成，內勁不斷。這是加大運動量的又一方法。

其具體方法是：在手法上遇到往復時，要嵌進折迭；在步法上遇到進退時，要嵌以轉換；在開合、收放時，要有收即有放和放即是收的意和勁。當然，這個特點同特點五一樣，是在螺旋式纏絲運動的輔助下來實現的。如果在發勁之後出現了斷勁現象，就要將這種發勁的餘意接續下去。萬一意也斷了①，則要運用意、勁的餘神接續下去。

為了做到這點，勁要有折迭轉換，動作要用意不用力，借使收放統一的身法如同長江水流滔滔不絕，中間無卸勁的餘地，亦無意馳的時候，這樣就自然可以達到一氣呵成的要求。因此，相連不斷、滔滔不絕的一氣呵成運動就可作為太極拳的第六個特點。

一、一氣呵成的實現

這個特點，是繼特點五之後在一動無有不動的基礎上再進一步加大運動量的具體措施。特點五著重於要求九個主要關節要一動全動，借使運動器官和內臟器官內外相合，以提高每一個拳式的運動量。而特點六則主要是要求在一動全動的基礎上，從一趟架子第一個動作開始，一直到一趟架子練完止，中間沒有卸勁的地方和斷勁的時候，也沒有神氣呆滯別有所思的情況發生，更沒有鬆口氣、離開用意的表現，而是做到自始至終相連不斷，波浪式地滔滔起伏不已，也就是說，要把一趟架子一氣呵成。

運動量經過這一提高，對一趟架子練完後的動度的計算，應該是九個關節的動乘以一趟架子的動作：假定架子的拳式為七十二著，那麼練完一趟架子就要一氣完成六百四十八個動量。這是我們祖先在體育運動上的一種出色的特殊創造。但是，要將這種複雜多變的運動做到自始至終相連不斷，從大的方面來說就要做到下述兩個方面。

(1) **手法上**——運勁時凡是遇到一往一復的動作，在往復之間要運用折迭彌補其間，使前後兩個動作能呈曲線緩和地聯接起來。這種折迭的做法是，在運勁到盡頭，將要做下一動作之先，如下一動作是要往下和往前行，那麼就要先向上一折，再往後一迭，然後再接做下一拳式，這樣就與下一

①所謂意斷，是指意與動作脫節，內外不一，意外馳，動作無主。

動作的勁很自然且呈曲線緩和地聯接上了。這就是拳論所規定的「意欲向上必先寓下，意欲向前必先寓後」的說法。

這樣做，不但前一拳式與後一拳式的勁接上了，並使下一拳式由於前一拳式的加速力關係，使它更加沉著和加強了，正如用毛筆寫大字的回鋒筆法一樣。因此，太極拳運動除了一個動作在一個圈內可以做完者外，如果動作中有一往一復（如兩個拳式連接處），就必須加以折迭，才可使上一動作的勁毫無間斷地貫串到下一動作中去。這是在手法上因有折迭而達到相連不斷的方法。

(2)步法上——凡遇到動步進退時，在它們之間用一個「轉換」來彌補其間，使前後的步法也能呈曲線緩和地聯接起來。這種轉換的做法是，邁步向前或是退後均不可直線地直進直退，而必須在前一步到後一步之中嵌進一個轉換。這種轉換，就是太極拳五步中的顧盼①二步。有了顧盼二步的轉換步法，不但可使腿部的勁強有力地聯接起來，並且可使腿部不離開纏絲，能與兩臂的纏絲上下一致地聯合起來，起到勁起於腳跟，形於手指的貫串功用。

太極拳整個套路內是不斷有往復的，因此也是不斷有折迭的。有了折迭嵌進在動作之內，練起拳來就顯得有一種留戀繾綣的感覺，產生似鬆非鬆、將展未展的神態，並表現出波浪滔滔的起伏狀，好像一浪過去，又是一浪地動蕩不已。

太極拳一趟架子內是不斷有進退的，也是不斷有轉換的。有了轉換嵌進在進退之間，就使進退不再是直進直退，而是可以顯出婉轉的回旋和生生不已。我們在泥地上練拳時，練完一趟架子之後，在泥土上可以留下許多足跟的圈兒，這就是這種轉換的顧盼二步所留下的正確痕跡。

總之，在往復之間手臂有了折迭，在進退之間腳部有了轉換，就不但可使前後的內勁聯接上，並可使往復進退過程用的勁都是圓勁，不致發生頂抗與丟匾的毛病，也可使往復與進退兩者對立面統一起來。

二、名家行拳實例

1914 年前後，在前北京體育研究社的年會終了時，全城各式武術家們，如紀子修、張策、尚雲祥、王茂齋、許禹生等參加餘興表演。當時太極拳方面，有楊澄甫和吳鑒泉雙演太極拳。

他們採用的都是大架子，兩位在表演時，使觀眾只覺得是在左右逢源之中前進和後退，滔滔不絕地起伏不已，好像站在小划船上橫渡長江一樣；他們的動作表面上極其綿軟，內裡卻顯出含有堅剛；慢到方時快，快到圓時慢，極其勻清地配合著開合，如玉環的無端，看不清銜接在何處。他們進退時並不顯出在進退，僅覺得逐步在變換姿勢；表演完畢的時間，約八分多鐘，在場的人都嘆為觀止。

名家們在走架子時所以能夠達到這種精深正確的要求，當然主要是因為他們勤學苦練，功夫到家的結果。但是內中如缺少往復的折迭和進退的轉換，要想達到這樣動蕩無已和一氣呵成是困難的。

①顧盼步法所以用目光顧盼二字來形容，是因為太極拳是以步隨身轉和身隨眼動的原則來進行運動的，故名。左為顧，右為盼。

三、神氣動蕩和一氣呵成[1]

從姿勢方面如何做到相連不斷，已如上所述。本節著重敘述在神氣方面應如何達到相連不斷，借使內外一致，真正達到相連不斷。

要檢查神氣方面是不是斷了，只要看練拳人的神氣是呆滯，還是動蕩，換句話說，只要練拳人的神氣是隨著動作而表現出動蕩的神態，就證明此時此人已經將意貫注於動作之內了，證明他正在用意練拳；即或表面看到好像勁斷了，如果意識還存在於動作之中，就只能說，他的內勁在運動中減弱了，而不能說勁已斷了。

因此，練習走架子時，應該注意掌握神氣的動蕩特性，因為這是表示內勁不斷的唯一標誌。

所以，練太極拳一開始就應注意將內意和外神寓於動作之中，毫不間斷；久之可以養成習慣，做到不走架子則已，一走架子神氣必動蕩無已，思想無暇開小差。這樣做，即使萬一思想開了小差，仍能盡量保持神的存在，可以很快消除勁斷意馳的現象。

四、勁別和一氣呵成

太極拳《正功解》上說：「太極者圓也，無論上下左右，不離此圓也。太極者方也，無論上下左右，不離此方也。圓之出入，方之進退，隨圓就方之往來。方為開展，圓為緊湊[2]，方圓規矩之至，孰能出此以外哉。」這是太極拳

要求方圓相生的由來。在初學太極拳時，一切動作都要求圓，即或極小的轉關，也都要求它圓行圈走。關於圓，前面已經說得很多，但仍應指出下述一點：當功夫練到相當純熟之後，在運勁到達終點時，應把這一拳式規定的勁別表現出來；而要表現出勁別來，就必須在圓行中現出方來，換句話說，要想在運勁過程中表現出勁別來，就必須有方。所以拳論說：「只圓無方是滑拳，只方無圓是硬拳。」

拳論又說：「卷放得其時中，文體之本；蓄發適當其可，武事之根。」又說：「呼為開、為發，吸為合、為蓄。蓋吸則自然提得起，亦拿得人起；呼則自然沉得下，亦放得人出。此是以意運氣，非以力使氣也。」

這是說功夫達到高深時可不再運用大開大合姿勢來進行蓄發，而僅運用肌肉皮膚的漲縮即可進行拿放。用太極拳術語來說，這是「寸勁」的功用，也是氣功的基礎。到此功夫，就可以不必顧慮有斷勁的發生，因為這時已經達到方圓相生的高度境界了。

———————

①本項所指「神氣動蕩」，與第一特點的「神氣鼓蕩」稍有不同。「神氣鼓蕩」是說明在運勁時要鼓蕩其神氣於八門勁別的運用之中，反過來又促使內在意氣運動加強。「神氣動蕩」是指在一般運動時養成神氣動蕩的習慣；不運則已，運則神氣隨著動作而動蕩，說明內在意識沒有離開動作，沒有外馳。

②這裡所說的「方為開展，圓為緊湊」中的開展與緊湊，與《行功心解》內所說的「先求開展，後求緊湊」中的開展與緊湊不同。後者指練習太極拳先要擴大其圓，然後隨功夫的精深而緊湊其圓而言；而前者所指乃是：「呼氣時，使身肢膨脹，形成開展，達到方形的放勁」；「吸氣時，使身肢收縮，形成緊湊，達到圓形的卷勁」。

為便於掌握這個特點，特把其要領概括如下。

(1) 遇到動作有往復時，必須嵌有折迭——這是在手法上做到相連不斷的必要措施。

(2) 遇到身體有進退時，必須嵌有轉換——這是在步法上做到相連不斷的必要措施。

(3) 勁斷了，要有意在，意不到時，要有神在，這是補救勁斷的方法。

(4) 能神氣動蕩地走架子，就可證明已將意貫注於動作中了。意在，為內勁不斷的標誌。

(5) 太極勁的方圓相生，是從「呼為開展、為方」和「吸為緊湊、為圓」中產生出來的。

第七特點　從柔到剛、從剛到柔的 剛柔相濟運動

拳譜規定：

(1)「運勁如百煉鋼，何堅不摧」，「極柔軟，然後極堅剛」。

(2)「外操柔軟，內含堅剛，常求柔軟之於外，久之自可得內之堅剛；非有心之堅剛，實有心之柔軟也」。

(3)「太極拳絕不可失之綿軟。周身往復，以精神意氣為本，用久自然貫通焉」。

(4)「運勁之功夫，先化硬為柔，然後練柔成剛。及其至也，亦柔亦剛。剛柔得中，方見陰陽。故此拳不可以剛名，亦不可以柔名，直以太極之無名名之」。

從上列四項規定中可以看出，太極拳的學習，首先要摧

毀人們動作中原有的堅硬勁，使它化為柔軟，這是化柔的時期。這個時期愈長，則愈可把僵硬摧毀得徹底。

此時的要點是仍須不失綿軟，在柔軟之下，向著更有彈性的堅剛上邁進。這個剛，不是從努責和鼓勁而產生的「生鐵」的剛，而是由鬆開和放長而產生的彈性的剛。因為身肢放長，並不斷螺旋式地絞來絞去，就可產生這種彈性。因此，又可名為「掤勁剛」。這樣繃緊中能搓揉得愈柔軟，則內在的質量也就可愈堅剛1。只有這種具有彈性的剛，才能達到「外操柔軟，內含堅剛」的要求。

這種剛柔的變換是由精神意氣的隱顯來掌握的。所謂「隱則柔」、「顯則剛」，就是這個道理。功夫精進後，勁可內隱得極深，使外形顯得極柔，使人感到好像又回復到柔上去了，其實內在的質量卻更加剛了。因此，從柔到剛、從剛到柔的剛柔相濟運動就成為太極拳的第七個特點。

一、剛柔相濟拳

對太極拳剛柔的看法，怎樣才算正確，這是練拳人都希望知道的問題。為了解答這個問題，還須從太極拳發展的環境說起。黃河流域的人民大多喜習硬功拳，因此，在該地區流傳的陳式拳也有向堅剛上發展的趨勢。但陳氏家傳者，卻仍能保持太極陰陽的原則，表現出剛柔相濟的特色。在長江流域，為保健而學習太極拳的知識分子佔了很大的比重。他們為了適應體質的需要，逐漸的向著柔軟上發展。

---

①如鐘錶的發條，有最柔軟的彈性剛，也是質量最堅的剛。

但楊氏家傳者也仍保持著太極拳「柔中寓剛，棉裡藏針」的風格。現在流行的各式太極拳，從架子的編組上來看，大體上是相同的，但是從剛柔快慢上來看，則各具特色。因此，一般學習太極拳者可各按其需要而學其所愛。至於純柔無剛或純剛無柔的說法，則任何武術都是沒有的。即使是一般所稱的硬功拳，內中亦仍有剛有柔。

何況太極拳是由陰陽相濟產生一系列相濟而又對立的特色的一種拳術。因此，所謂「柔功太極拳」或「剛功太極拳」的說法是不存在的。

二、求軟摧僵時期

一個人不論他是否練過武術或其他運動，但他在日常生活中必定經常拿過重物、用過氣力。這樣，就使每個人在動作中都不免帶有硬僵的鼓勁。若想學好太極拳的運勁，對這些原有的鼓勁就必須以「百煉成鋼，何堅不摧」的勁頭把它去掉，這是練太極拳的初期要求。

在此時期，應力求柔軟，務須在走架子的「千錘百煉」過程中使人們動作中所固有的僵硬勁化為柔軟勁，並養成這種柔軟的習慣。

這是摧去原有硬僵和建立新的柔軟的時期。這一時期的特色是盡力求柔，在毫不用力的原則下慢慢地動作。這時愈不用力，就愈易使人發現動作中的缺點，也就能愈快地摧去動作中的硬僵勁。因此，可以說這是一個最好的「煉鋼轉爐」，能把運勁煉到節節柔軟地貫串起來。

三、練柔成剛時期

上述求軟摧僵期的要求是化硬轉柔的初期要求。本期則是轉柔成剛的時期。這一時期，首先必須明確剛是哪一種性質的剛和怎樣才能運柔成剛。拳譜上說，練拳要「有心求柔，無意成剛」，所以動作不准用力，要求全身鬆開。這種「鬆」是有意識的鬆，但不是靜寂而沒有意圖的鬆，同時它和努責鼓勁也是毫無共同之處的。所謂「鬆」，意為由放長身肢來達到鬆開，由鬆開的放長來使身肢產生彈性。彈性加強，則成為掤勁，掤勁正是太極拳要求的彈簧勁。這種彈簧勁的加強，就是太極拳所要求的剛。

明確了剛的性質，現在再談一談怎樣才能運柔成剛。剛性的加強，是靠內氣的貫串而實現的。剛性質量的提高，則是靠纏絲勁絞來絞去以加強彈性的韌度而實現的。因此，運勁如纏絲和身肢放長便成為做到最柔而又最剛的關鍵。這就是拳譜中所說的「常求柔軟之於外，久之自得堅剛之於內」，「非有心之堅剛，實有心之柔軟」。太極拳就是這樣由柔軟變成堅剛的，也只有這種由柔軟變成的堅剛，才可以達到忽柔忽剛、亦柔亦剛的熟練境界。

四、剛柔的變換

變換剛柔，在神氣上說，是由隱與顯表現出來的，隱則柔，顯則剛；在姿勢上說，是通過開與合，在運勁過程中表現為柔，在運勁到達落點時，則表現為剛。因有神氣的隱顯

與勁勢開合的配合，剛柔就得以充分地表現出來。落點是運勁到達盡頭之點，乃是神顯氣聚之處，所以此時此處運用剛法，可謂恰到好處。除此以外，在一切開合轉換過程中，因都是神氣鼓蕩和圓活轉換變化的過程，此時均宜用柔法。

概括起來說，每個拳式動作都有開合，每個開合過程中都有運勁的落點，落點要用剛勁，其它都用柔勁，以做到剛柔相濟。這就是運用剛柔相濟的正確地點，是一項必須遵守的原則，也是練出八門勁別的基礎。在這方面，可在根據萇乃周氏拳譜內《剛柔相濟論》的說法，把剛柔轉換歸納為五點，供作參考。

(1) 若純用剛法，則氣鋪全身，牽制不利，到達落點必不能表現堅剛。

(2) 若純用柔法，則氣散不聚，沒有歸著，到達落點也不能表現堅剛。

(3) 應剛而用柔，則氣應聚而不聚；應柔而用剛，則氣應散而不散，皆不得剛柔相濟的妙用。

(4) 所以善用剛柔者，到達落點時用剛，如蜻蜓點水，一沾即起；這是表現剛點的正確形象。在一切運勁轉換時用柔，如車輪旋轉滾走不停；這是表現柔點的正確形象。

(5) 必如是，乃得剛柔相濟的妙用，方能去掉氣歉不實和濡滯不利的缺點。

五、剛柔相濟的掌握

(1) 力求柔軟——初學走架子時，主要是學習各種姿勢。通過學習這些不同的姿勢，先化去身上原有的僵硬勁，

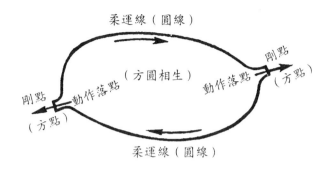

圖16　剛柔相濟示意圖

這種僵硬勁是人人都有的。所以，在這一階段應不遺餘力地盡量求柔軟，這對先前學過硬功拳而後轉學太極拳的人來說，則更加顯得重要。

(2)**力求身肢放長，以生彈性剛**——在這樣很柔、很慢地練習一、二年之後，如果動作中已經去淨僵硬，達到綿軟的程度，且已養成這種習慣，就可以轉入下一步練習。這時，首先在心意上應有全身處處放長的意念，並在姿勢動作中按照拳論規定，大力進行放長的專門練習（如虛領頂勁、氣沉丹田、含胸拔背等），借使心意與身肢在緊密配合下專習全身的放長，以求得彈性剛。初練拳時，對各種放長的規定，如含胸拔背等，只用意念就可以了，而到此階段，剛應在用意和身肢上共同進行了，因為此時已不致因放長再染成相反的鼓勁病象了。

(3)**做好「柔行氣，剛落點」**——在全身放長達到要求後，就可以進一步在每個開合的落點結合著神氣外顯形成方點，表現出四正和四隅的勁別來，這是太極拳「方圓相生」中方的練習。在方點要表現出極其堅剛的剛（也就是要使身

肢繃得極緊且長），而剛過後則要求在整個運動過程中表現出極其柔軟的行氣。整趟架子就應在這樣的剛柔相濟情況下進行。因此，練拳時應該牢牢記住六字要領：「柔行氣、剛落點」。

（4）剛柔運用與「意氣風發」——剛柔的運用，必須結合著心意、神氣和呼吸的運用：也就是在「意氣風發」的基礎上，配合運用深強的呼氣來使身肢下沉而放長，借以加強彈性，成為彈性剛（如發勁等）；在意靜氣斂的基礎上，來使肢體肌肉連帶鬆開，從而形成活潑無滯的柔軟，由柔軟變化萬端。這兩者在生理上都是一種自然現象。

總之，太極拳的剛，不是鼓勁的剛，太極拳的柔，不是無彈性的柔，而是「意氣風發」外顯以成剛，意靜氣斂內隱以成柔。心意一動，神氣隨之，神氣隱顯，則柔剛變換。所以在一趟架子的練習中，神氣應忽隱忽顯，心意應不斷地指揮，神氣還要不斷地隱顯和鼓蕩，這樣肌肉才能不斷地變換剛柔。這是掌握和練習剛柔變換的一條要道。

為便於掌握特點七，把其要領概括如下：

（1）初期要化去原有的僵硬勁，越柔軟越好；這段時間也是愈長愈好，一般要一、二年的時間。

（2）全身練到綿軟後，即可進而具體地練習全身的放長，以練習剛勁。

（3）行氣用柔，落點用剛，是太極拳劃分剛柔的界限。

（4）心意結合神氣的忽隱忽顯和呼吸，是太極拳對於剛柔變換的法則。

（5）剛柔同樣達到高級水平，是太極拳妙手稱號的標準１。

第八特點　從慢到快、從快到慢的
快慢相間運動

拳譜規定②：

(1)「動急則急應，動緩則緩隨」；

(2)「彼不動，己不動；彼微動，己先動」；

(3)「初學宜慢，慢不可痴呆；習而後快，快不可錯亂」；

(4)「形抗五岳，勢壓三峰，由徐入疾，由淺入深」。

從上列四項規定中可以看出，在初練太極拳套路（一趟架子）時，動作應該越慢越好，可將時間放長。動作放慢了，才有修改的機會，才能檢查出不順遂的地方。但是，慢不可慢到面部表現痴呆，這是慢的限度。以後，隨著熟練程

---

① 按陳鑫《總論發明》說：「純陰無陽是軟手，純陽無陰是硬手；一陰九陽根頭棍，二陰八陽是散手；三陰七陽猶覺硬，四陰六陽類好手；惟有五陽併五陰，陰陽無偏稱妙手；妙手一運一太極，跡象化完歸烏有。」這是陳式對於太極拳剛柔度的標準。因陳家溝地處黃河流域，練硬功拳者多，因此惟恐為環境所熏染而漸趨於堅硬，故有硬手、散手、好手、妙手之稱，以作為限制練拳者趨於堅硬的準則。

② 拳譜中對快慢的涵義，有兩個內容：
第一涵義是指練習一趟架子所需時間的長短。如甲練一趟架子，需時 12 分鐘，乙需時 15 分鐘，則我們說「甲快乙慢」。
第二個涵義是指每一個拳式中運動的速度。它是轉關處慢，過了轉關後逐漸加快，運到落點時最快，發後復轉慢。
現在所引用的四句原則中，頭兩句指第二個涵義，後兩句指第一個涵義。這是學習時必須分清的問題。

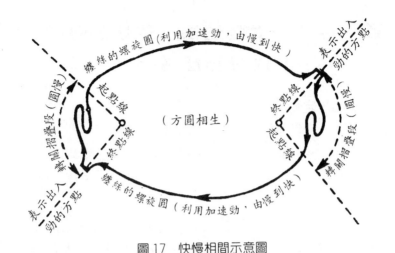

圖 17　快慢相間示意圖

度的提高，可漸漸加快，縮短走一趟架子所需的時間。但由慢轉快，同樣也要有一個限度，即要做到雖快，但動作仍能沉著，仍能表現出勁別來，並不發生浮飄與錯亂現象。這是指練習一趟架子所需時間的長短而言的。

　　在這種能慢能快的總前提下，用到每個拳式時則須將這種快慢的對立面統一於一個拳式中，即轉關處要慢，過了轉關處就逐漸加快，運到落點時最快，以後復轉慢，如此周而復始。（如圖 17）所以太極拳的每個拳式都要經過能慢能快的鍛鍊，這樣才能在推手時「彼微動，己先動」，「動急則急應，動緩則緩隨」，創造有利於自己的條件，並能達到快慢相間的統一。

　　所以，從慢到快、從快到慢的快慢相間運動，就成為太極拳的第八個特點。

一、快慢的發展程序

太極拳初學階段，萬不可快，必須盡力求慢，愈慢愈好。因為慢可以細心揣摩姿勢的正確性，可由粗到精，對每一個動作的來龍去脈都有充分的時間加以審查；這樣，姿勢就易於糾正，並可以轉關處檢查出是否順遂，不過慢，也不是慢無期限，一般經過一、二年的學習、模仿、檢查和糾正，就可以了。這一點在初學時要有一個正確的概念。這是只求姿勢正確，不求勁別分明的時期。

這個時期的慢還要有個條件，就是說慢要在提起精神和神不外散的前提下求慢。如果動作慢得神氣上表現出遲鈍和呆板，行動上表現得滯重和不靈，就與太極拳意氣運動的要求相反了。因此，慢必須在神氣鼓蕩和意氣靈換下求慢，這是太極拳對於慢的標準。為此，在初學時萬不可染上這種意滯、神呆的習慣，給以後的提升造成困難。

以後隨著熟練程度的提高，可漸漸加快速度，但快不可錯亂，這是鍛鍊勁別的時期。最後，到功夫精進後，拳式可由開展發展為緊湊，使運勁的線速度又逐漸變緩，而轉關處的角速度卻更快了。這是先慢、後快、復緩的三層功夫，也是快慢發展的三個程序。

二、由慢轉快的時間和條件

在什麼時候和什麼條件下由慢轉快最合適？為了回答這個問題，先要弄清由慢轉快的兩個標準。

（1）**動作沉著**——在全趟架子內，即或動得比原來快一些，但仍能不改變原來運動的沉著性，這是正確的加快。如若不能，並顯出浮飄，則說明動作加得太快了，應立刻放慢些。在這個標準指導下，可以隨著熟練程度的提高逐漸加快。

（2）**能表現出勁別**——太極拳是由八門五步編成的。在運勁時應該充分表現出八勁之一（如四正的掤攦擠按或四隅的採挒肘靠）。若動作太快時，一轉就滑過去了，就不易表現出要求的勁別。因此，如感到自己很難再表現出勁別，就說明動作已加得太快了，應該放慢些。這也是由慢轉快的標準①。

上述兩點，乃是由慢轉快的兩個標準。有了這兩個標準，就可以指導我們正確地掌握由慢轉快的時間和條件，使運動的速度恰到好處地由慢轉變為快。這裡所指的快，並不是將太極拳全部動作均改為快動作，而是在每一個拳式的開合中，轉關折迭處都要似鬆非鬆、將展未展地表現出留戀繾綣和綿軟的慢動作來。因此，所謂快，僅是在由圓轉向方的過程中表現出來。（如圖17）

這種加速運動是八門勁別產生的基礎，若沒有這種角加速力，就無法表現出四正和四隅的勁別，也無法適合「動急則急應」的要求。

太極拳的發勁，就是利用這種加速過程而實現的：在開中寓合和內勁曲蓄條件下，當達到目的物附近時，突然如弓弦脫扣似地一振而發，把內勁從短距離內發出去。武術家把這稱做「寸勁」②。

三、快慢相間和勻清、勁別

根據上述理論可以知道，凡是單獨的慢動作或是單獨的快動作都不合太極陰陽相濟的要求的。其次對人類注意力的穩定性來說，從心理的生理基礎可以看出，要使注意力作長期的同等強度的注意而不破壞其穩定性，是不可能的。

要使注意力穩定和意神不渙散，就必須使注意力的強度有高有低。而太極拳為意氣運動，它要求把意識貫注於動作之中，因此，為了不使意神渙散，則動作就要快慢相間，這樣才能配合意氣的起伏特性，促使注意力得到穩定和神氣鼓蕩。其實，動作的快慢相間也是人類的一種天然本能，它既是保健所必需，也是技擊所不可少的。因此，以一個拳式而言，要求達到快慢相間（如圖17）。

然而從一趟架子來說，這種每個拳式的快慢相間，還要求具有均勻的變化幅度。這也就是說，從運動開始到結束，需要慢時都是同樣的慢，需要快時，都是同樣的快，用太極拳術語來說，就是要做到「勻清」。假使能達到這個要求，則他的呼吸必定能調節得很「勻清」，不會有漸趨急促的現象。

這種使動作與呼吸兩者均達到「勻清」的功夫，是太極拳修養有素的一種具體表現，是久練得來的真功夫。因此，

①無論如何加快，為了表現沉著和勁別，第一趟十三勢架子最快不過八、九分鐘。這是楊澄甫老師1914年在前北京體育研究社的年會上公開表演太極拳時的速度。

②「寸勁」：凡在一尺以內距離的蓄發勁，均稱為寸勁。

開始由慢轉快時，切不可怕呼吸急促而不敢行加快的動作，那是因噎廢食。總之，太極拳要如長江大河的波浪一樣，既滔滔不絕又勻清地起伏運動。

太極拳是由八門五步所組成的。初學時，為了化去身肢原有僵硬的拙力，所以暫時可不表現出勁別，可以只圓不方。這一時期所以允許不表現出勁別來，是因為練習不夠、功夫不深和習慣尚未養成，是因為這時若要求表現出勁別，就容易產生努責鼓勁的毛病，不再能產生身肢放長的彈性勁來。

在練過一、二年求軟摧僵的功夫以後，自覺僵勁已去淨，即可在走架子時表現出勁別來。表現出勁別，乃是練習太極拳所必不可少的，也是八勁所要求的，亦即加速力到達落點時要表現出：

(1) 向外有掤勁，向內有攦勁，雙合有擠勁；

(2) 向下有按勁，雙分有採勁，發出有挒勁；

(3) 手腕出了方圓有肘勁，肘臂再出方圓有靠勁。

這樣運動，才可以說是由八門五步所組成的太極拳。為此，練拳到一定時期以後在走架子時，應該充分做好這個快慢相間的動作。快慢相間久練久習，即可使八門勁從無到有，從有到強，做到名副其實的八門五步。

四、快慢相間的掌握

(1) 初學時盡力求慢——初學時，為了便於檢查與糾正每個動作，必須要慢，要循序漸進地練過這一個求慢的時期，切不可性急，以免給進一步提升造成困難。

(2)須在精神提起與意氣靈換情況下求慢——初學時為了檢查與糾正姿勢而不得不慢。但是正如上述，慢要有個限度，也就是說，不可慢得似動似停，目定神呆，好像在那裡想什麼心思。這種慢，近於站架子的站功，不是行拳所需要的。因此，慢必須在精神提起和意氣靈換的前提下求慢，這樣才不致產生痴呆和精神渙散的缺點。

(3)須在動作沉著和能表現出勁別情況下求快——求快同求慢一樣，也不是漫無限制的往快上走，同樣要有一個限度：雖快，但動作仍要沉著。沉著的快，是太極拳要求的快，不沉著就是病象。同時，還必須在能夠表現出勁別情況下求快，因為表現了勁，就限制了快。這樣的快，是有利無害的快，它不致浮飄不沉和勁別不分，不致失去方圓相生的功能。

(4)轉關處慢，轉向方點時加快——上述三點說明走一趟架子時對快慢應掌握的分寸，現在再談一談每一個拳式的快慢原則。太極拳規定，凡在轉關折迭處應慢，過了轉關後運用加速勁向快上運勁，如此周而復始地進行。同時，在一趟架子中，這種快慢相間的變換，還要求達到「勻清」。這是鍛鍊八門勁別的基礎，使它由無到有，由有到強。

為便於掌握特點八，將其要領概括如下：

(1) 初學時要慢，為的是有一個檢查糾正的機會。

(2) 求慢必須以精神提起和意氣靈換為前提。

(3) 隨著熟練程度的提高，應逐漸縮短走一趟架子所需的時間。但求快，必須以動作沉著和能表現出勁別為前提。

(4) 快慢相間的原則是轉關折迭處慢，過了轉關後，漸漸加快，過方點後再轉慢。同時，轉關時行氣要慢，盡頭的

落點要快。

（5）在整趟架子中，快慢相間的變化幅度要求做到勻清。

結　語

太極拳的八個特點是從太極拳拳譜中一再經過提煉而精選出來的。前人留下的寶貴練拳經驗，早已成為現時練習太極拳的原則，也是人們練太極拳所一致遵循的準則。

另外應該指出，特點雖分八個，但其實質是一個，因此在練習架子或推手時，不可孤立地對待這些特點，務須在每一個動作中都逐漸做到符合這些特點。

因為任何一個拳式或是動作，都必須運用集中的意識來指揮整個動作過程（特點一），使身肢在精神提起的前提下具有彈性（特點二），並在虛實靈活變換（特點四）與順逆螺旋纏絲中（特點三），促成內外相合，達到一動無有不動的節節貫串（特點五）和相連不斷的一氣呵成（特點六），表現出剛柔相濟的質量（特點七）和有慢有快的速度（特點八），這是太極拳應具備的特色。

從上面的分析可以看出，這些特點是相互依賴、相互制約、相互促進和相互轉化的。因此，如果孤立對待，企圖只貫徹一個特點而放棄另外的特點，則不但損害了後者，同時也影響了前者。所以這些特點不是為一個特定動作所特有，更不是某一個動作僅有某一個特點，而是構成整個太極拳套路的每一個拳式皆應具有的特點。

現在流行的太極拳，不論是哪一式，也不問姿勢是開展還是緊湊，更不管這趟架子內多幾個拳式還是少幾個拳式，只要細心觀察，這些外表雖有差異的太極拳架子，內中或多或少都具有這些共同特點。所不同的，僅是有的是明顯的表現於外，而有的則以暗勁方式隱藏於內。

這也說明了太極拳流行數百年不為其他武術所同化，而仍能獨具一格，皆是這些共同的特點作了中流砥柱。因此，學習太極拳時，不可把它當作等閒視之。

但在初學時想要一下子就掌握這八個特點，這是不可能的。初學時只要認識了這些特點，知道它是前人留下的經驗總結，明瞭它是構成太極拳的基本因素，就不難根據前人的經驗，遵循前人已經指出的方向穩步前進，就不難收到太極拳應有的功效。

第二章
陳式太極拳第一路圖解

陳式太極拳第一路拳式名稱順序

關於圖解的幾點說明

1.第一路圖解中的動作分解圖，是按照陳照奎的拳照描製的。第二路（炮捶）圖解中的動作分解圖，是按照陳發科老師拳照繪製的；另外，根據動作分解上的需要，又按陳照奎的體型增繪了一些圖。

2.為了便利讀者查對拳式的方向，把圖照中姿勢的方向約定為：面向讀者等於向南，背向讀者等於向北，面向讀者右面等於向東，面向讀者左面等於向西。當讀者練習純熟後，可以根據場地形狀任選方向，不一定要把預備式從面南站立開始。

3.圖中所有帶有實線或虛線的箭頭，均表示手或足的動作趨向，所有圖中的箭頭，均表示由本圖過渡到下一圖的動作趨向。凡動作較簡單，用文字即可能說明的，即不再在圖中表示其動作趨向，可參看文字和後一圖就能明瞭；另外，與前面某一式相同的拳式，將動作分解圖由數幅略為一或二幅者，可參考前面的相同拳式的分解圖，不再在被略為一或二幅的圖中表示其動作趨向。

4.帶有實線的箭頭，表示右手或右足的動作趨向，帶有虛線的箭頭，表示左手或左足的動作趨向。

5.由於太極拳中腳的動作也較細緻，為了表明腳與地面的關係，在腳旁繪上陰影，以資區別。（參閱下圖）

a. 表示全腳著地

b. 腳旁無陰影者，表示全腳離地

c. 表示腳跟著地

d. 表示腳尖著地

陳式太極拳第一路

第一式　預備式

身體中正站立，兩足距離比肩略寬，兩足尖微外撇，兩臂自然下垂，眼向前平視。（圖1）

要點：

預備式是開始動作前意識上和姿勢上的準備，它要求：內固精神，外示安逸；虛領頂勁，即頭要正直，頂要虛虛領

圖1　　　　　　　　　　　　圖2

起，如懸掛著一樣地頂勁；唇輕閉，齒輕合，下頦微內收；
沉肩，即兩肩微前卷，並放鬆下沉；含胸拔背，即胸部不內
凹外凸地含住，脊背要有上下對拉拔長之意；襠要開，並有
圓虛之感；兩膝微屈，立而不挺直，膝關節留有預餘；全身
放鬆，呼吸自然，意存丹田。

　　上述要點，不單在做預備式時，而且在做整個拳套的任
何動作時，都必須刻刻注意。

　　另外，如上所述，各方面固然各有要求，但又彼此互有
影響。例如：由於肩微前卷和鬆沉，就易於做到含胸拔背、
精神內固、氣沉丹田和虛領頂勁；由於膝微屈，則襠易開而
圓（襠即兩便之間的會陰部分，開襠即覺得有氣提起和這部
份皮膚不下蕩）。

第二式　金剛搗碓

　　動作一：身微下蹲，兩肘微屈，兩掌心朝下（兩手有合
勁之意），眼向前平視。（圖2）身體微左轉；同時兩手左

圖3　　　　　　　　　　　圖4

逆、右順纏，向左前斜角抬至高與肩平，兩掌心仍朝下。
（圖3）身體右轉，並繼續下蹲，重心全部移於右腿，左腳
提起；在轉體的同時，兩手仍以左逆、右順纏，向右後方展
開，掌心朝右後方，手指舒展勿軟。（圖4）

　　動作二：左腳腳尖翹起，以腳跟內側貼地向左前方鏟
出，隨著重心前移，漸至左腳踏實；同時兩掌仍以左逆、右
順纏，向右後方繼續展開並微沉，在左腳踏實的同時，兩手
隨體重前移。（圖5甲、乙）重心向前移於左腿，身體隨著
左轉，右腳前上一步，以腳尖點地；同時兩手自後向前左
逆、右順纏，左手手心朝下、屈肘向前擠出，右手隨著右腳
上步時前撩，兩手形成合勁。（圖6）

　　動作三：右掌變拳由外向上順纏，左掌由內向下逆纏；
同時右腳提回。（圖7）左掌落至腹前，右拳隨即落於左掌
心內；同時右腳向左腳旁蹬地震腳。（圖8）

　　要點：

　　1.纏絲勁就是太極勁，是構成太極拳的核心。它是由兩

圖5甲   圖5乙

圖6   圖7   圖8

個對立的基本纏絲統一起來的。整套太極拳的任何動作，始
終不可離開纏絲勁。因此，纏絲勁貫串於一切動作過程的始
終。順逆兩個纏絲是整套拳的動作所普遍具有的，拳式內各
個動作都有順逆纏絲，因此，順逆纏絲是屬於普遍性的基本
纏絲。而裡外、上下、左右、前後、大小，這五對是形容各

個動作的纏絲在方位和大小上的不同點，所以是屬於特殊性的方位纏絲。但並不等於在普遍性的順逆纏絲上只具有單一的一對方位纏絲，而是根據各個動作的要求，有些是單一的，如左右順逆，有些則既有上下的不同，又有裡外的不同，如動作三（圖7）就是這樣。關於纏絲勁可參看特點三，並在特點三中有纏絲圖可參考。

2.此式為太極拳十三勢的第一勢，中間經過了五對纏絲勁的運用，最後一搗（震腳與右拳下擊於左掌心內），即表示這一拳式結束。

3.震腳的作用，是使全身氣往下沉，並有利於血液循環。譬如，站立過久感到疲乏，而環境又不允許走動時，兩腳以腳尖點地，將腳跟提起，再下落微震，這樣運動數次，同樣能收到恢復疲勞的功效。另外，震腳的輕重可根據練者年齡與身體的強弱而定，但無論輕或重都必須使下沉的勁整。勁的整否，還可根據震腳聲加以判斷。

4.太極拳的任何動作都要求「沉肩墜肘」。「沉肩」已如預備式要點中所釋，「墜肘」即兩臂在任何動作中，肘關節要保持一定彎屈，不可挺直；肘尖並有下墜之意。

5.陳式太極拳中的掌，要求手指後彎，就是除大拇指外，其餘四指全部向手背方面微彎（參看各圖中的掌型）。這樣，可使氣貫注於指肚間（氣達兩梢），還可警惕和消除臂部使用拙力的缺點。

第三式　懶扎衣

動作一：身先微左轉，再轉為微右轉，隨即轉正；同時兩手在小腹前隨轉體自左向外而上向右而下繞一小圈（仍復

圖9　　　　　　　　　圖10

圖11　　　　　　　　　圖12甲

為圖8姿勢）。接著身體再由微左轉，轉為微右轉；同時兩
手左逆、右順纏，合勁交叉於胸前；由左腿實轉為右腿實。
（圖9）兩手擴大纏絲圈，右上順纏、左下逆纏地分開，形
成開勁；開時由右腿實變為左腿實。（圖10～11）重心全部
移於左腿，右腳提起，即以腳跟向右貼地鏟出；同時兩手繼
續畫弧，由大開轉為雙順纏大合（圖12甲）；重心漸漸右

圖12乙 　　　　　　　　　　　圖13

移，右腳尖踏實，身體微左轉，右手稍左展。（圖12乙）

動作二：身微右轉，隨著重心右移，漸至右腿變實；同時兩手由合再開，右手大順纏向右轉臂展開，左手小逆纏後翻掌置於左腰前，左掌心朝上。（圖13）身體轉正，調整後胯，全身鬆開，氣往下沉。（圖14）

要點：

1.當右足邁出時，須恰是右手向左順纏下沉時，要有右手向左下沉而將右足向右壓出去之感。等到左逆右順再合後，這一動作充分表現出特點五「一動無有不動」的要求。

2.陳式太極拳在每一式開始時，都要由內部引動外部，因此在外形上有一個小圈來帶動後面的動作。如由預備式開始做金剛搗碓時，兩手在胯旁屈肘稍提，即手心朝下微按，形成合勁，然後動作起來；由金剛搗碓開始做懶扎衣時，兩手則在腹前繞一小圈（如圖8中兩手的虛線）。在每一式完成時，都有一個調整的動作，如金剛搗碓最後是一搗，而懶扎衣最後是身體轉正，調整後胯。

圖 14

3.此式充分表現了上下（手與足）相隨的關係。畫一個圈轉到上掤時，手為虛，手下的腳就變為實，反之則為虛。這也是求得內勁中正的關鍵（但提腿獨立者除外。因一足站立，為了保持中正，平衡重心，站立的獨足是實，實足之上的手仍然要實）。這在圖10和圖11中，表現得最為明顯。

4.懶扎衣為陳式太極拳的基本拳式之一，它以左小裡逆纏與右大外順纏所形成；要求做到沒有凹凸、缺陷和內勁不斷，尤以小裡逆纏為難，須多加注意和練習，才能達到要求。在懶扎衣這一拳式中，尤其要注意收（緊縮圈時）中有放、放（放開圈時）中有收的勁，其竅門在於收放過程中將裡外纏絲的成份加多些，就易於達到這種要求；只有達到這種要求，才能「牽動往來氣貼背」。

5.兩臂轉為合勁，由於氣貼脊背和兩膊相擊，使掤勁不丟，則產生「合中寓開」的妙用；同樣由於兩膊相擊，在兩臂分開成為開勁時，內部卻又具有合勁，又產生「開中寓合」的妙用。

圖15甲　　　　　　　圖15乙

第四式　六封四閉

動作一：身微左轉，重心左移，左腿變實；同時兩手先各在原處旋臂畫一小圈（以引起動作），即右手大順纏轉臂攔至腹前，左手小逆纏掤至胸前，兩手形成合勁；身體微右轉，重心右移，左手以大拇指一側貼近右　向裡滾轉，成手心向左，右手逆纏使手心翻朝下（圖15甲、乙）。身微右轉，重心右移，右腿變實；同時，右手轉臂順纏、左掌小逆纏，兩手合住勁，向右上方弧形擠出。（圖16）

動作二：身再微左轉，重心再移回左腿，左腿變實。同時，右手順纏上托，勁貫掌指，指勿軟；左手逆纏轉臂，以手背一側腕關節弧形向左上掤，勁貫手背，五指斜向下垂，指勿軟。（圖17～18）身體繼續微左轉；同時兩手順纏翻掌分置於兩耳旁，掌心斜朝外。（圖19）隨即兩掌合勁向右下按（開始深深呼一口氣，深呼氣完止時，恰恰雙按到底，以呼氣為主，動作配合為賓）；同時，身體隨雙手右按

圖 16　　　　　　　　圖 17

圖 18　　　　　　　　圖 19

右轉，重心也隨著移於右腿，左腳向右併步以腳尖點於右腳旁。（圖 20）

　　要點：

　　1.兩手由合轉開或由開轉合，都要以腰脊為軸（身體的轉動）來帶動；在左右轉動時上體仍須直豎，不要前俯後仰；兩掌下按時，要氣貼脊背，襠口圓虛，以右手為主，左

手為賓。

2.六封四閉這一拳式，是指六成封四成閉的意思。它的作用跟華佗五禽經內「金剛抖力」想像。兩手下按時，須撮嘴悠緩呼出一口深長之氣，這對調整呼吸系統有極大幫助。

圖20

第五式　單鞭

動作一：身微右轉即向左轉回；同時右手順纏向內、左手逆纏向外各翻一個圈，隨即右手變勾手右舉，左掌弧形移至腹前，在身體左右旋轉時，左腳也隨著以腳尖點地輾轉。（圖21～22）

動作二：接著重心全部移於右腿，提起左腳，身體下蹲，即以左腳跟向左虛虛貼地鑔出，此時胯根更撐開，隨著重心左移，漸至左腳尖落地，左腿變實。（圖23～24）

圖21

圖22

動作三：左掌自腹前稍向右上托，即弧形向左順纏，纏至左側，高與肩平時，以掌根微下按；當左手纏至左方轉按時，右手配合著微微順纏向外形成開勁；兩腿虛實比例也同時加大，一經形成單鞭，即鬆開後胯，將身體轉正。（圖25～26）

圖 23

圖 24

圖 25

圖 26

要點：

1.動作一中，兩手在身右各翻轉一個整圈時，須運用腰脊作軸來帶動，才能做得圓勁灑脫，並要使該動作表現出：勁是從右腳跟通過脊背上升而形於左手指，然後鬆開後胯，當再轉正時，又表現出該勁從左手指橫過脊背，乃至右手合攏地勾上的。該動以左腳跟落地為實，但要注意「虛」非全然無力，「實」非完全站煞，因為左腳跟落地輾轉時，重心在左腿上也隨著身體的轉動有所增減。

2.動作二中，左腳左邁，要求腳尖翹起，以腳跟貼地輕輕鏟出，如貓捕鼠時邁步一樣，才能穩而不滯、輕而不浮，顯得既沉著而又輕靈。

3.太極拳要求意氣須換得靈，單鞭就是一個好例子，左手左纏時意注左手，待到完成身體轉正時，意又轉注於右手上，所以圖25與26不同，前者意注左手，後者已轉移到右手。

4.此式以左手運動為主，加大左手的運動量，因為在整套拳中左手比右手運動得少。另外，要求左手轉臂向左如柔軟的鞭子一樣甩出去，將勁運到左掌中指上（如圖25）。由於該式與右手運動為主的懶扎衣相對，因此懶扎衣與單鞭為太極拳第二勢，呼為二儀勢。另外，雖皆以練一隻手為主，但須牽動到一動無有不動，以達到節節貫串。這種要求比雙手練習全動要困難些，須以運用特點五作為重點。

5.太極拳八個特點要表現在每一個動作中，也可以說太極拳是八個特點聯合運動的拳。不過，就某一個動作而言，則以某一個特點為主要內容，其餘特點為次要，但並不等於不再運用其餘特點了。因此，要明確前面所提特點五，僅是

圖 27   圖 28

指該式中以此特點為主而已。

6.太極拳的任何動作，都要求「勁以曲蓄而有餘」，所以在做該式時必須注意使右胯及右膝關節微屈，不要伸直。

第六式　第二金剛搗碓

動作一：身微左轉，襠口放寬；同時兩臂下沉，左重右輕，左掌在左側逆纏一個整圈，右勾手變掌外順纏轉為手心朝外上方，雙臂外掤並合住勁。（圖27）

動作二：兩手擴大纏絲圈，以左逆、右順纏自左而上合住勁地向右運轉；左手移至右胸前，掌心朝右；右手運轉至右側，高與頭平；當兩手開始向右運轉時，重心右移，右腿變實。（圖28）以下同第二式「金剛搗碓」動作二的後部說明，惟方向不同，該式完成時是面朝正東。（接圖5～6）

動作三：與第二式「金剛搗碓」動作三相同，惟方向不同，該式是面朝正東。（接圖7～8）

要點：

1.動作一中，兩手各纏一小圈來引動後面的動作，為該式準備動作。

2.圖 27 中的兩手合勁，與前面合式姿勢裡的合勁不同，而是開勢中的合勁，應予分清。

3.圖 28 中的姿勢，是兩膊相繫著經過左逆、右順各纏一圈後而形成的，同時是兩膊相繫下合住勁，運用以腰脊為軸的身法來完成的。

4.其餘同第二式「金剛搗碓」要點。

第七式　白鶴亮翅

動作一：與第三式「懶扎衣」動作一相同，惟該動與「金剛搗碓」的銜接處，兩手在小腹上不繞小圈，直接做胸前交叉的動作。（圖 29~31）

動作二：隨著右腳向右側邁出，接著重心移於右腿，左腳向右腳靠攏，以腳尖虛點於右腳旁；在重心右移的同時，兩手均逆纏，右手向右上、左手向左下弧形分開。（圖 32 至該式所有動作都應朝著正東方向而做，自圖 29～32 四幅中所示皆其正面）

要點：

1.此式與第三式「懶扎衣」都銜接於「金剛搗碓」，但銜接的動作不同，此式不以兩手在腹前繞小圈來銜接，而是要求氣貼脊背、雙臂先行微開後再合攏交叉；這樣來與上一拳式的勁接上，同時又表現出意欲合必先寓開，來達到特點六「相連不斷」的要求；合到終點時，又要先行微合後再開，這就又表現出意欲開必先寓合。開合時皆須意注掌根，

圖29   圖30

圖31   圖32

才不致產生凹凸的缺點。

　　2.此式是經過兩合兩開後完成的。後一個合開的特點是雙足開時雙手合，等到雙手開時雙足又合，兩手由雙順纏而合，由雙逆纏而開。

　　3.在做此式時可以檢查一下，是否符合虛領頂勁、沉肩墜肘、含胸拔背、屈膝圓襠等要求，並檢查在該式中以左腳

圖 33　　　　　　　　　　圖 34

尖點地和右腳踏實時是否具有支撐八面的氣勢。此式要求以
特點五和特點四為主地表現出來。

第八式　斜行拗步

　　動作一：身微左轉；同時，兩手右順、左逆纏，在左右
兩側各纏一小圈，左手轉臂上舉至額前，右手下按；當兩手
各纏半圈時，身體向右轉正；重心仍在右腳，右腿為實，隨
轉體時以左腳尖點地輾轉。（圖33～34）

　　動作二：身體繼續右轉，左腳提起，向左前（東北）斜
方以腳跟輕輕貼地鏟出。同時，右手略向右後（西南）斜方
逆纏而上展開，至高與肩平，掌心斜朝右前方；左手順纏，
向右肩前（東南）方弧形推出，肘部仍保持彎屈。（圖
35）

　　動作三：身體左轉，重心左移，左腿變實。同時，左手
繼續順纏而下，經腹前向左摟過左膝，即變勾向左上提至高
與肩平；右手由外而裡繼續逆纏，屈臂纏經右耳旁，掌心朝

圖 35

圖 36

圖 37

圖 38

右耳。（圖36）

　動作四：身微右轉；右手經左手旁由左前向右繼續逆
纏，與左手分開。（圖37）鬆右胯，身體微左轉，兩肩下
沉，右手微下按，左手懸掤。（圖38至該式所有動作，都
是朝著正東方向而做的，左腳的落地點應與39圖同，圖

33～38中所示，皆其正面）

要點：

1. 動作二的右手、左手和左足要向著三個方向同時展開。（方向詳見動作說明）

2. 動作一、二中，兩手動作時，看來似乎是左手經身體向右，右手經身體向左纏轉，其實是兩手均在左右兩方轉動，並以腰為軸的身法來完成的。所以，不可光是捧轉胳臂。

3. 右掌纏經右耳旁的動力，要有來自左手成勾和弓左腿的感覺。右掌經右耳旁轉臂逆纏而出，要使脊背繃緊，產生氣貼脊背的功用。

4. 圖37、38兩圖，從外表上來看，似乎相同，其實前者內勁是雙開，而後者由於肘的下沉，使全身氣向下沉，內勁就變為雙合。

5. 此式為左勾右掌，與「單鞭」式恰相對。該式在左右兩方作此順彼逆的纏絲，它們是在統一的條件下各自動作，能使身體感到輕鬆愉快。

第九式　初　收

動作一：兩腳尖隨身體微右轉；同時，左勾手變掌與右手雙順纏，向左胸前以掌根合攏，左手在前，右手合於左肘旁。（圖39）

動作二：身微右轉並向右下挫，重心全部移於右腿，即旋轉而起，提回左腿，左腳尖自然下垂，右膝微屈，成右獨立式；當體右轉時兩手以左逆、右順纏，隨左腳上提而起時，變為雙逆纏向下合勁，兩掌心斜向前下。（圖40、

圖 39

圖 40

41。自圖 39 至 45，圖中姿勢
的方向已轉為符合於動作說明
中的方向）

　　要點：

　　1.在動作一中（圖 39），
兩掌須在兩膊相繫下前後相對
地合勁。身右轉，兩手以左
逆、右順向右轉半圈時，兩掌
心朝下，同時右腿漸下挫；轉
過半圈後，兩手開始上提，兩
掌心又前後相對；左腳提起，

圖 41

身體起立，成為右獨立式，兩掌心又皆斜向前下合勁。雙逆
纏時應意注兩手小指。

　　2.此式是初次收回琵琶之意，要求運用右腿下挫後的彈
性勁和兩手微小的左逆右順的纏絲勁使身體旋轉而上，成獨
立姿勢。

3.此式為合勁的獨立式，要達到穩定，比以開勁達到穩定要難些，關鍵在於頂勁領起，氣沉丹田，兩手逆纏以及意注兩手小指，這樣才易於做到穩定。

圖 42

第十式　前蹚拗步

動作一：接著左腳開始下落；同時兩手向右側以左順、右逆下纏（內勁勿丟，以繼前式）。（圖42）左腳繼續向前（東）下落，腳尖斜朝左前，身體左轉。同時，左手順纏轉臂至胸前，掌心朝右前；右掌逆纏到左小臂上方，掌心朝左前，兩臂交叉。身體繼續左轉。（圖43～44）

動作二：重心移於左腿，右腳向右前（東南）斜方橫邁一步；同時兩掌逆纏分向左右展開，兩掌心皆朝外，手指朝

圖 43

圖 44

圖 45　　　　　　　　圖 45 附圖

上。（圖 45 和附圖 45 正面圖）

要點：

1.由兩掌落於右側而纏至胸前，要做到內勁不斷；兩臂交叉時須加緊一合，然後分向左右展開；展開時要意注於兩掌的大指上。

2.由獨立式向左轉體時上步須穩定；由上下轉為左右纏絲的過程中都是合勁，並且不可在斷續凹凸處。

第十一式　第二斜行拗步

動作與第八式「斜行拗步」動作同，唯銜接動作稍異，但仍可用第八式的說明來配合著參看圖照。（圖 46～48，再接圖 35～38。圖 46 是銜接圖 45 的正面圖的方向而下，其實動作和左腳上步的方向仍與第八式同，是向著東北斜方上步的）

要點：與第八式「斜行拗步」要點同。

圖 46　　　　　　圖 47　　　　　　圖 48

第十二式　再　收

動作、方向和要點皆與第九式「初收」相同。（圖 39～41）

第十三式　前蹚拗步

動作、方向和要點皆與第十式「前蹚拗步」相同。（圖 42～45）

第十四式　掩手肱捶

動作一：身微左轉，重心移於左腿，右腿提起；隨著轉體和重心左移時，右掌變拳順纏至胸前；左掌逆纏合於右臂上側，與右臂交叉，掌心朝右肩。（圖 49）兩手順纏下沉，兩臂交叉點前移；同時右腳隨沉氣蹬地震腳。（圖 50）

動作二：左腳向左前（東北）斜方邁步，重心漸左移；

圖 49

圖 50

圖 51

圖 52

同時兩臂交叉點繼續前移，隨即兩手左逆、右順纏，向左
上、右下弧形分開，右拳心朝下，左掌心朝外。（圖51～
52）

圖53　　　　　　　圖54

動作三：身微右轉，全身氣向下沉。同時，右拳順纏，
向左而上經胸前收於右脅側；左手由逆纏變順纏移向胸前。
（圖53）

動作四：身微左轉；同時，兩手順纏合於胸前，左掌心
及右拳心皆朝上，右拳置於左掌心上（似停非停，身體繼續
下沉以蓄勁）。重心迅速左移，成左弓步，右腿微屈勿挺
直。同時，右拳急向右前（東稍偏南）方發出，拳心隨著轉
朝下；左手也急收於左脅側。（圖54。自圖49起是銜接圖
45的正面圖的方向而下，其實動作中左腳上步的方向是東
北斜方，圖49～54中所示，皆其正面）

要點：

1.此式要求（圖51、52）表現出卷放勁：卷時要求襠口
下沉，才能使勁卷緊；放時要先卷緊而後分開作放勁。卷放
勁是牽動勁，不可越出手足圈之外，並且它是蓄發的基礎。

2.太極拳的蓄勁要像開弓一樣，要卷緊才能成為蓄。蓄
並不等於彎度增大，而是指將發之前的彈性蓄足和不要有所

缺陷，要求五弓（即一脊弓、兩手弓和兩足弓）齊逗榫。此處所謂「缺陷」，不是指勁斷，而是指勁沒有達到弓背上，因之彈性不足。只有練得節節貫串，周身如一家，才能成為一張韌性十足的弓，具有強有力的彈性。

3.此式震右腳與發右拳，要表現出太極拳的剛勁。太極拳對運勁與發勁是並重的。雖然陳式第一路以柔、運為主，第二路（炮捶）以剛、發為主；但是，在一路中也有剛、發的動作為輔（如掩手肱捶等），在二路中也有柔、運的動作為輔（如懶扎衣等）；這是為了達到剛柔相濟和靈活轉換並用的目的。

4.拳論要求「力由脊發」、「發勁如放箭」、「發勁須沉著鬆靜」、「專注一方」。所以要先「脊弓」以蓄勁，然後由脊「脫扣」而發，勁專注在「箭頭」這一方，最後如穿透箭靶的勁一樣地一震，來完成這一動作。從姿勢上來講，在發勁時，雖然一手向前、一手向後（或一上一下，一左一右），以保持平衡，但勁力仍以一方為主（實）、另一方為賓（虛），而不是雙重。

第十五式　第三金剛搗碓

動 作 一：身微右轉；同時，右拳變掌順纏，向右後略收，左掌仍在左脅旁微逆纏以配合。（圖55）接著身微左轉；同時兩手右順、左逆纏，弧形向胸前交叉、合勁，左手在上，手心朝下，右手心朝

圖55

圖 56   圖 57

上。（圖 56）

動作二：身體右轉，重心右移於右腿；同時，右掌順纏向右上、左掌逆纏向左下展開。（圖 57～58。自圖 55 至57，其中左腳仍在東北斜方，左腳位置應與圖 58 同；自圖58～76，其中姿勢的方向已轉為符合於動作說明中的方向）重心全部移於左腿，右腳提回，以腳尖向前點於左腳前。同時，兩手左逆、右順纏，左手屈肘橫臂於胸前，掌心朝下；右手隨著右腳向前時向胸前上撩，兩手形成合勁。（圖59）

動作三：與第二式「金剛搗碓」動作三相同。（接圖7～8）

要點：

1.由上式掩手肱捶的開勁和發勁，轉而為該式的合勁，右手必須微裡收再往發勁方向前掤一下，將斷勁逗接起來，使內勁不斷，貫串於後面的收回雙合的合勁之內。

2.此式每一個盡量大開的半圈動作，一變收縮為極小的

圖 58　　　　　　　　　　圖 59

半圈合起的動作，要求感到遍體飽滿，氣勢磅礴。

　　3.此式與前二次金剛搗碓的不同點是，第一次中表現出太極拳中的五對方位纏絲勁；第二次是上承單鞭的開勁，轉為合勁；第三次主要把上一式發勁後的斷勁逗接起來。它是太極十三勢的第五勢的結束。

第十六式　披身捶

　　動作一：兩手向左右逆纏展開，五指下垂，掌心朝內。（圖60）兩手繼續上舉，轉為順纏，至高與肩平時，掌心翻朝前上。（圖61）重心全部移於左腿，右腳提起，即以腳跟向右貼地鏟出，隨即重心右移，成馬步；同時兩手繼續稍上舉，即隨右腳右邁時向

圖 60

圖61

圖62

圖63

圖64

胸前順纏交叉合攏，左掌在外。（圖62～63）

　　動作二：兩手變拳，右拳在面前自裡向右逆纏而開，即自右向前變順纏而合，繞一整圈，拳心朝裡；左手向左逆纏而開，即變順纏隨右手合時微合，拳心朝右；在右手向右繞半圈時，重心微右移，身微右轉，當右手繞成一圈時，重心移回，身體轉正。（圖64）

圖65　　　　　　　　圖66

動作三：身微左轉，重心左移，弓左腿。同時，兩拳順纏，右拳移至左耳前，高與頭平，拳心朝裡；左拳在左側原處順纏一小圈，以配合右拳合勁，拳心朝左前。（圖65）重心右移，弓右腿，身體右轉。隨轉體，右拳向右下弧形順纏至右腿旁，拳心朝上；左拳自左向右經面前順纏，高與頭平，拳心朝裡，與右拳合住勁。（圖66）

要點：

1.此式是由上式金剛搗碓的合勁轉為雙逆的開勁，開後變雙順纏，掌心轉朝外的兩手合勁，隨即兩手順纏地交叉合攏；在這種平開平合時，應注意兩手的虛實與兩足的虛實，尤其是手與足之間的虛實。關於這點可參看特點四。

2.動作二、三（圖64～66）是兩掌變拳後的動作，須聯貫為一，要在氣貼脊背和以腰為軸的要求下進行動作；其關鍵在於特別擴大裡外纏絲，並要以前一纏絲帶領後一纏絲；只有這樣，才能使三個圖式中的動作聯而為一，並使內勁不丟，在毫無凹凸的情況中變換過來，關於這點可參看特點

圖67   圖68

五。

3.此式在整個開合與合開的任何過程中，都寓有採勁，是四隅中的採勁，作為四正架子中的一種輔助。

第十七式　背折靠

動作一：身體左轉折90度。同時，右手逆纏，弧形上舉，拳心朝左；左手轉臂順纏，左弧形下落於左腰側，拳心朝後。（圖67）

動作二：身體繼續微左轉。同時，右拳轉臂以逆纏轉順纏，右臂彎屈於頭頂前；左拳在左腰側作極小順纏圈後，以拳面緊貼於左腰部，隨即身體微右轉，以近右肩的背部向右後靠；同時襠口更加下沉，眼視左腳面。（圖68）

要點：

1.兩膊要有掤勁地相互繫住，以達到開中寓合的勁；只要以腰為中軸，右背就能自然地轉折過來，就無顧此失彼之患。

圖 69　　　　　　　　　　圖 70

2.圖 68 表示右臂在頭頂前的運用，須以小逆纏使臂轉
到頭頂前；該式關鍵在於以左拳貼緊左腰，使右背更加繃
緊，表現出背的靠勁。

3.背折靠這一拳式所發的靠勁，在第二路炮捶中較多。
此式為四隅手中對靠勁的一種，作為四正架子內的一種輔
助。

第十八式　青龍出水

動作一：重心左移，身微右轉。同時，右拳轉臂順纏，
自上經胸前向右弧形下落於右腿側，拳心朝上；左拳離左腰
逆纏，自左弧形上舉，拳心朝裡。（圖 69）右拳變逆纏自
右弧形上舉，又轉為順纏，纏至拳心向左；同時左拳變順
纏，屈肘橫臂經胸前而下，置於腹前，拳心朝上。（圖
70）

動作二：身微左轉。同時，左拳變掌，以逆纏向右前方
伸出，掌心朝右後；右拳順纏屈肘下落，置於胸前、左臂上

圖71　　　　　　　　圖72

方，拳心朝裡。（圖71）重心稍右移。同時，左手順纏下
沉，掌心朝右後；右拳順纏收卷於胸下，與左掌合住勁，繃
緊脊背。（圖72）身微左轉，襠勁下沉同時，右拳轉臂逆
纏，突然由脊背「脫扣」，向右前以近腕部的尺骨側發勁；
左手順纏以右拳發勁的同樣速度收回，置於左腰間。（圖
73）

要點：

　1.陳式太極拳不但兩手運用纏絲勁，其實兩腿也同時運
用。該式由於邁步大，襠口寬，是腿部表現纏絲勁最明顯的
例子。腿部纏絲是：某腿上的一隻手是順纏時，該腿一般也
隨著膝蓋外撇順纏；反之，則膝蓋裡扣逆纏（腿部纏絲的原
則，參看第二十一式「肘底捶」要點2）。就該式圖中的姿
勢來看，兩腿好像沒有動過，僅看出兩臂變換動作，其實腿
部也在隨著纏絲。

　2.太極勁是起於腳根，發於腿，主宰於腰脊，而形於手
指的內勁，纏絲則是這個內勁所經過的一條相當長的運動線
路。在全身這樣的線路共有兩條，即自左腳跟至右手指和右

圖73　　　　　　　　圖74

腳跟至左手指，它們先後十字交叉於脊背。

3.要將全身各個關節貫串得如一條線，就必須由纏絲的螺旋來完成。纏絲主宰於腰脊，帶動兩臂，而基礎在兩腿，如果腿部無纏絲，就不可能達到周身一家的境界。對這一點，應加以注意。

4.此式所以稱為「出水」，是因為這一種發勁，如「物將掀起而加以挫之」之意，就是說，在向下的半圈終點帶有向上的勁，所以又名之為出水的抖勁。

5.此式的發勁，屬於四隅手中的捋勁，它之所以不稱為「打」或「擊」，是因為，捋勁是一種短距離的擊打，所以又有人稱它為「寸勁」。

第十九式　雙推手

動作一：重心微右移，身微右轉。同時，右肘微屈，右拳略收，拳心朝裡；左掌前伸於右腕內側，隨即兩手向外微掤（以引動後面動作）。（圖74）接著重心移於左腿，身微左轉；同時，右臂順纏向左下捋至腹前，左手小逆纏隨右

圖 75

圖 76

臂左攌掤住。（圖 75）以下
同第四式「六封四閉」動作一
的後部說明。（接圖 16）

　動作二：同第四式「六封
四閉」動作二的前部說明。
（圖 17，接圖 76，其中所不
同者，該式左掌經腰部再接下
一動）接著左腳尖外撇，身體
向左轉（胸部由朝南轉為朝
東），重心全部移於左腿，右
腳提回，向左前（南稍偏

圖 77

東），以腳尖點地。同時，右掌順纏繼續以掌心上托；左掌
逆纏收轉於左脅旁，以手背掤住，掌心斜朝上。（圖 77。
自圖 77～85，圖中動作皆應身體朝東而做，圖中所示皆其
正面）

　動作三：身體繼續微左轉；同時，兩手順纏翻掌分置於

圖78   圖79

兩耳旁，掌心斜朝外；以右腳尖點地輾轉，右膝隨身體轉
向。（圖78）右腳稍提即向右（南）邁，重心隨即移於右
腿，左腳向右併步，以腳尖點於右腳旁，同時身體右轉；兩
掌合勁，隨轉體時向右下按。（圖79）

　　要點：

　　1.此式與六封四閉的動作基本上相同，惟步法上的轉換
與雙推的勁路不同。該式的推勁較剛，並在推到終點時後掌
根須表現出向下一沉的捯勁，因之在一沉的速度上也較快。

　　2.此式銜接於上一式發勁之後。因為發勁是求勁斷，勁
不斷不能越出身外而加於外方，但又必須與此式相連不斷地
聯接起來。動作一（圖74）的前部就起著接住發勁的勁的
作用，並帶動後面動作。「斷而復連，能斷能接」的要求，
詳見特點六。

　　3.由上式發勁後，轉而為合，合後再開；要在這合開之
中，身體一擰腰勁，轉為左後右前的雙托；雙托在雙順纏中
要求產生合勁，為雙推作好準備。

圖80　　　　　　圖81　　　　　　圖82

第二十式　三換掌

動作：身體右轉；同時，右掌向裡經胸前而上順纏收回，掌心朝裡；左掌逆纏轉臂向前平伸，轉為掌心朝上。（圖80）身微左轉；同時，右掌順纏掤勁推出，掌心斜朝外；左掌隨轉體逆纏收至腹前，掌心朝上。（圖81）身體再右轉；同時，右掌順纏收至腹前，左掌由腹前而上逆纏向前逆纏右臂上側掤勁推出。（圖82）動作時，隨著身體的轉動以左腳尖點地於原地輾轉，左膝隨轉體方向轉動。

三換掌這一式，兩掌交替伸出、收回時動作要圓活，腰胯微右轉時左掌伸出，腰胯微左轉時右掌伸出，腰胯旋轉兩個來回，左掌前伸兩次，右掌前伸一次，故稱三換掌。三換掌是纏拿方法，因此掌前伸不是擊出，而是圓轉地纏拿對方的勁路和骨節。重心雖然都在右腿，但由於動作往復時的開合，腰襠在旋轉地開合，帶動兩腿膝節也在旋轉地開合，仍然是「一動無有不動」的。

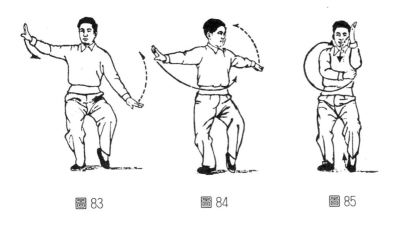

圖 83　　　　　　圖 84　　　　　　圖 85

　　由於此式與下一式的動作是緊接著毫不間斷的，又因兩式要點有相同之處，因之，此式要點也併在下一式中。

第二十一式　肘底捶

　　動作：緊接著身體再左轉；同時，兩手左逆、右順纏，左手向左下、右手向右上分別展開。（圖83）身體繼續微左轉；同時，兩手左逆、右順微纏至與肩平，兩掌心皆朝下（為肘底捶開始的階段）。（圖84）身微右轉。同時，兩手左逆、右順纏地合勁，在合的過程中，左臂由逆纏轉為順纏，隨纏隨將左小臂豎起，掌心旋纏為朝右；右掌變拳順纏自右向前屈肘向左合勁，經左臂下方畫一個小圈後，置於左肘下方，拳心朝裡。（圖85）

　　要點：

　　1.上式與此式的特點，是在緊湊動作之中達到節節貫串和一動無有不動。因此，左膝也以左腳尖點地輾轉為軸而隨體的轉動而旋轉；但須注意，「虛」非全然無力，「實」非

完全站煞；關於這點，可參看第五式「單鞭」要點1。

2.要達到太極拳節節貫串和一動無有不動的要求，其關鍵在於運用全身的纏絲勁，只有經過了纏絲，才能使勁起於腳根，節節貫串地形於手指。因之，腿的纏絲與手的纏絲處於同等重要的地位，動作說明中沒有提到腿的纏絲，是因為腿與臂的纏絲（除提腿獨立和解脫擒拿外）都是上下一致的。其原則如下：

(1)凡手為順纏，該手下的腿（膝）也是由內向外地順纏；(2)凡手為逆纏，該手下的腿（膝）也是由外向內地逆纏；(3)凡右腿向外順纏，左腿就向內逆纏，反之如是；(4)比方起於左腳跟的逆纏，發到腿上當然是逆纏，上升到胯後，自然斜著通過腰脊，形成脊背左側繃緊、右側鬆，再轉到右臂上去，右手就成為順纏了。

所以，手足纏絲是前後交叉通過脊背，自然地形成周身一家的作用。

3.上一式是在緊湊的雙合中達到節節貫串和全動，此式是在大開展的動作中表現出一動無有不動。最後，由於轉身一合，縮小了纏絲圈，緊緊地雙合起，內中勁別雖不同，但是牽動往來、氣貼脊背是一樣的。因之，應注意到脊背的運用。

4.由上式直做至此式終點雙合時，更須促使頂勁虛虛領起；在練拳日久後，練到此式會使勁節和胸椎上部骨節格格作響，這是練拳日久後自然產生的現象，不宜強求，以免產生流弊。只有做到這個境界，才足以證明在該式的動作中，已達到全動和關節鬆開的要求。

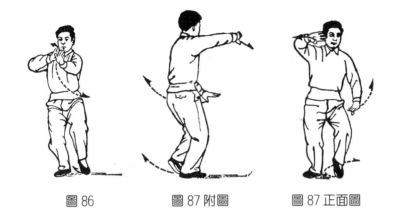

圖 86　　　　　圖 87 附圖　　　　圖 87 正面圖

第二十二式　倒捲肱

　　動作一：重心右移。同時，左掌經面前逆纏而下；右拳變掌自左肘下經腹前而右向上由順纏轉逆纏，弧形纏至右頰旁，掌心斜朝左前方。（圖86）左腳提起，經右踝旁向左後（西北）斜方以弧形撤步，重心隨著後移，左腿變實。同時，右掌逆纏向前推出；左掌在胸前經前伸的右小臂下側交叉而過，即由左下方隨左腳後撤時向左後弧形展開。（圖87和88附圖及正面圖。圖87、88兩圖中姿勢的方向已轉為與動作說明中的方向相符。前面的圖86和以後的圖89～92中所示皆其正面，其實都應與圖87和88附圖的方向同，都是胸部朝著正東方向做動作）

　　動作二：兩手和兩腿各順纏一小圈（以轉勁），接著重心左移。同時，左掌自左而上由順纏轉逆纏，弧形纏至左頰旁，掌心斜朝右前方；右掌以小順纏到大順纏，自右而左纏經胸前而下。（圖89）右腳提起，經左踝旁向右後（西

圖 88 附圖　　　　　　　　圖 88 正面圖

圖 89　　　　　　圖 90　　　　　　圖 91

南）斜方以弧形撤步，重心隨著後移，右腿變實。同時，左
掌逆纏向前推出；右掌在胸前經前伸的左小臂下側交叉而
過，即由右下方隨右腳後撤時向右後弧形展開。（圖90）

　　動作三：與動作二相同，惟左右相反。（圖91，再接
88的正面圖）

要點：

1.此式是由開而合，又由合而開。開後再合和再開。這種特殊的開中寓合、合中寓開的動作，是在連續後退中完成的。

2.在連續後退中，並不是一順溜地後退。根據「進退須有轉換」的要求，在兩個退步的動作中，夾著一個雙開的姿

圖92

勢和內勁的轉換。這樣，才不覺得是一順溜地後退，而覺得在繼續運用前後的開勁。同時，有了轉換，就成為退中有進，進即是退，退即是進，進退自如，使之成為具有支撐八面的太極拳後退法。

3.倒捲肱為太極拳唯一連續後退的拳法，它要求在後退中夾著微小的順逆纏絲，並要做到圓轉順遂，使無缺陷凹凸之處和內勁中斷的缺點，合乎特點六的要求。

4. 此式也可作形於外的發勁，即撤步後退至落點時，足跟蹬地作聲，同時前手勁往外發，後手用沉勁沉住。

第二十三式　退步壓肘

動作一：身微左轉。同時，左掌轉臂順纏，向左下方展開，掌心朝下；右掌逆纏斜向右上方展開，掌心朝外。（圖92。該圖上接圖88的正面圖而下，因此，自圖92～96中所示皆正面，實際上仍應胸部朝東進行動作）身微右轉。同時，右掌順纏向前而裡，變逆纏向右繞一圈；左掌隨右掌自

圖 93 圖 94

右前繞時微向左移，即隨右掌右繞時順纏向右畫弧至右脅前。（圖93）

動作二：重心移於左腿，身體左轉，右腳提起腳跟，以腳尖貼地，經右踝內側向右後（南稍偏西）斜撤步，至落步點時腳跟落步震腳，並重心後移，身體同時右轉。隨身體左轉，同時右掌順纏，弧形收回，以手指貼於左腹；左肘經右掌裡側上掤，左掌逆纏，以手指背部貼於右脅而上；隨著身右轉和右震腳，同時左掌向左前方斜掌推出，右掌以手指貼著身體移於右腹。（圖94～95）

要點：

1.此式在兩臂環抱合住（圖94）如一整圈時，要成為堅韌彈性的擠勁；它的著重點是，在氣貼脊背之下，繃緊背皮來揉動脊背；同時是蓄以待發之際。

2.圖94雖已將右腳後撤，但尚未震腳，震腳須與發左掌相協調一致，以形成開勁，如圖95中姿勢。

3.退步壓肘是短距離的補發勁，要柔中寓剛；在襠勁下

圖 95

圖 96

好，用丹田勁以左掌沉勁發出的一剎那間，要和右足跟的震地作聲一致，使全身勁力完整。

第二十四式 中 盤

動作一：身微左轉，即右轉。左掌隨身左轉微向左移，即隨身右轉，臂自左向右上逆纏到右肩前，掌心朝上；同時右掌逆纏轉向右後上舉，掌心朝右。隨著右掌上舉，右腳提起。（圖 96）

動作二：身微左轉，右腳落於左腳旁，先以腳尖著地，緊接著以腳跟蹬地震腳，重心即移於右腿，左腳跟提起。隨著右腳落地時，右手逆纏（屈肘以肘尖經左掌上側）自上畫弧至左肩前；左掌順纏下移於右脅下，掌心朝上，兩臂交叉於胸前。（圖 97，附圖 97 的正面圖。圖 96 的方向與 97 正面圖方向一致，實際上圖 96 也應胸部朝東進行動作）

動作三：身微左轉，左腳向左後（北稍偏西）斜方橫開一步，屈膝下蹲；同時，兩手順纏外掤，掌心轉向外下，隨

圖97　　　　　圖97附圖　　　　圖98

左腳開步時雙臂微合，兩掌心轉朝裡，隨即兩手左逆、右順纏，左手向左上、右手向右下方分別展開，兩掌心皆朝下。（圖98～99，附圖98與99）

要點：

1.此式在開始時應注重於順逆纏絲的大小。為使動作得勢和得勁，當右掌經左肘下時應緊縮圈徑，這也是大小順逆纏開始形成的時候。在雙開前要吸氣，轉為雙開時要呼氣，一直呼到兩手開至定點為止，這也是使此動作達到神氣鼓蕩的方法之一。

2.雙合（圖98）時，要求合中寓開，其關鍵在於雙合之前，須氣貼脊背，雙掌交叉雙合時掌心須向外下一轉，這樣就可以在合中寓有開勁；加沒有達到合中寓開，就會將勁團住在身上，失去彈性，成為區病。

3.此式在身體中正下蹲時，襠口須寬。這樣，就會使會陰之氣自然從尾閭上升，這是很有利的。但是，下蹲時襠口的高度不得低於膝，以免形成蕩襠，如有蕩襠，會使兩腳外側虛浮，因而又使虛實變換產生了濡滯，所以也同時應避免

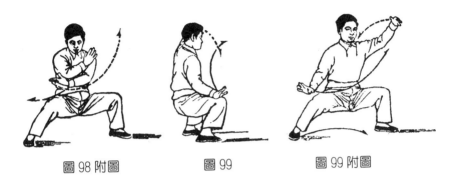

圖98附圖　　　　圖99　　　　圖99附圖

腿部的雙重病。

第二十五式　白鶴亮翅

動作一：身微左轉，右腳向左併步，以腳尖點於左腳尖旁。同時，右掌轉臂順纏經腹前向左畫弧，掌心朝上；左掌逆纏經面前向右屈肘合於右臂上側。（圖100，附圖100的正面圖）右足向右前（東南）斜方邁步。以下同第七式「白

圖100　　　　　　圖100附圖

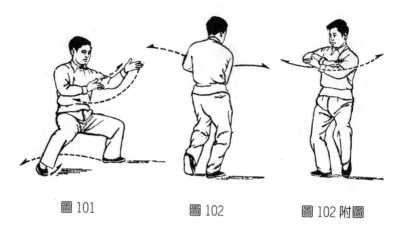

圖 101　　　　　　　　圖 102　　　　　　圖 102 附圖

鶴亮翅」動作二。（接圖 31～32）

要點：

參看第七式「白鶴亮翅」要點。

第二十六式　斜行拗步

動作與要點皆同第八式「斜行拗步」（接圖 33～38）。

第二十七式　閃通背

動作一：與第九式「初收」動作一相同（接圖 101）。

動作二：重心移於右腿，以右腳跟為軸，身體向左後（胸部轉朝北）轉，左腳隨轉體弧形後退，以腳尖點於右腳旁。同時，右手順纏，翻為掌心朝外；左手逆纏，經腹前向右合勁，以掌貼於右小臂下側，掌心朝裡。（圖 102，附圖 102 的正面圖）

動作三：身微下蹲；同時，兩手微順纏稍合，即轉為逆纏向左右分別展開（意注小指），左手向裡屈腕使掌心朝

圖103　　　　　　　　　圖103附圖

圖104　　　　　　　　　圖104附圖

裡，右手橫掌、腕部上翹，使掌心朝外。（圖103，附圖
103的正面圖）

　　動作四：以右腳跟為軸，身體右轉；以左腳尖點地輾
轉，左膝隨轉體轉向。同時，右手向左裡合於左腹側，掌心
朝上；左手順纏，隨轉體屈臂向前平推，掌心朝前。（圖
104，附圖104的另一側側面圖）左腳前邁一步，隨即重心

圖 105　　　　　　　　圖 105 附圖

前移，左腿變實。同時，左掌經胸前向左而後置於左胯旁，掌心朝右下；右掌順纏向前伸出，掌心朝上。（圖 105，附圖 105 的另一側側面圖）

　　動作五：以左腳跟為軸，身體迅速向右後轉，右腳以腳前掌貼地隨轉體向右後轉半圈，即以腳跟蹬地震腳。隨轉體，右手順纏裡轉至掌心朝外，隨轉體弧形下按至右胯旁，掌心朝下；左掌屈臂上翻，經左耳旁向前下方推出。（圖 106，附圖 106 的正面圖）

　　要點：

　　1.動作四中（圖 105）左腳上步與右掌前伸要一致；動作五中（圖 106）右腳跟落地震腳與右手下按、左手前推須一致。

　　2.氣功內所謂「通三關」，即要求氣通過尾閭關、夾脊關和玉枕關，它包括整個脊柱交感神經和副交感神經。氣功的坐臥站三功是採用靜功法任其自發地通過三關的，而太極拳的這種行功，則是動中求靜，在一動無有不動的過程中，

圖106　　　　　　　　圖106附圖

通過專一而動，使意志集中，以求得動中之「靜」。拳論
云：「心不靜，則不專，動作全無定向矣」。太極拳行功，
由於具有一定指向的動作和意識的相互輔助，同時，在行功
過程中，內勁與外形又要做到尾閭正中神貫頂、氣沉丹田海
底間和含胸拔背、開胯圓襠，促使氣從襠中過來。這樣，就
鍛鍊了這一條全身前下後上的循環大道。日久之後，使氣功
中的「通三關」可不去求通而自通。

　　3.此式是完全以通脊背為主的運動。圖101是通過頸部
椎骨的姿勢，圖102是通過胸部上幾節椎骨的姿勢，圖104
是通過胸部下幾節椎骨的姿勢，圖105是通過腰部椎骨的姿
勢，圖106是通過骶部椎骨的姿勢。這是專就某圖以某幾節
為主的動作，並不是說其他節就不動了，因為太極拳是一動
無有不動的。

　　4.《陳氏太極拳匯宗》（此書為陳鑫所寫，陳績甫編
印，分為上下兩冊）中「海底針」這一拳式，它是兩腿橫
開，右掌虎口又開下落在兩腿中間，這對通背作用和氣從襠

圖 107　　　　　　　　圖 107 附圖

中向後、並由尾閭上升脊背，是有一定幫助的。

第二十八式　掩手肱捶

動作一：兩手分向左右開勁。（圖 107，附圖 107 的正面圖）以下同第十四式「掩手肱捶」動作一、二、三、四，惟方向不同；第十四式完成時，左腳在東北，右腳在西南，而此式完成時，左腳在西南，右腳在東北。（圖 108～109，再接圖 52～54）

要點：

與第十四式「掩手肱捶」要點相同。

第二十九式　六封四閉

動作一：身微左轉，重心微後移；同時兩手先各在原處旋臂畫一小圈（以引起動作），即右手大順纏轉臂攦至腹前，左手小逆纏掤至胸前，兩手形成合勁。（圖 110）身微右轉，重心前移，左腿變實；同時，右手轉臂順纏、左掌小

圖108　　　　　　　　圖109

圖110　　　　　　　　圖111

逆纏，兩手合住勁，向右上方弧形擠出。（圖111）

　　動作二：身體左轉，重心全部移於左腿，右腳向前提起。同時，右手順纏上托；左手逆纏轉臂，以手背一側腕關節弧形向左上掤，五指下垂。（圖112）身體繼續微左轉，右腳前邁一步；同時兩手順纏翻掌分置於兩耳旁，掌心斜朝外。（接圖19）以下同第四式「六封四閉」動作二後部的說明。（圖20）

圖112　　　　　　　圖113

要點：

參看第四式「六封四閉」要點。

第三十式　單　鞭

動作和要點：皆與第五式「單鞭」相同。（圖21～25，後接圖113）

第三十一式　運　手

動作一：身體左轉，右膝微伸不挺直。同時，右勾手變掌順纏，向左弧形上移至右額前，掌心朝左；左掌自裡向左外順纏微伸，臂部不挺直，掌心朝下。（圖114）身微右轉，左腳向右靠攏半步，以腳尖點地，右腿變實。同時，右掌順纏轉為逆纏向右展開，掌心由朝下轉為朝右；左掌自左而下經腹前向右順纏至身右，掌心斜朝右上。（圖115）身微左轉，左腳向左橫開半步。同時，右手弧形下落，掌心朝下；左手順纏轉為逆纏，轉臂翻掌朝外，向上畫弧。（圖

圖114　　　　　　　　　圖115

圖116

圖117

116）

　　動作二：重心移於左腿，右腳經左腳後向左（東）偷出
一步，身微右轉。同時兩手順纏，左掌轉臂經面前弧形逆纏
左運，掌心轉朝左；右掌轉臂經腹前弧形向左逆纏運起，掌
心翻朝左上。（圖117）身體繼續微右轉，左腳向左（東）

圖118　　　　　　　　圖119

橫開一步。同時兩手順纏，左掌轉臂自左而下經腹前向右逆
纏運起，掌心斜朝右上；右掌轉臂自左而上經面前右運，掌
心朝右。（圖118）重心漸左移，身微左轉。同時，右掌弧
形下運，掌心朝下；左手順纏，轉臂翻掌朝外逆纏上運（接
圖116）。

　　動作三、四：皆重複動作二。（接圖117～118再接
116～118，後接119）

　　要點：

　　1.此式須注意上下相隨的虛實要求，檢查一下是否明顯
地把這要求表現了出來：就是某一手旋轉到上掤為虛時，重
心就必須漸漸移到該手下面的腿上，此腿即變為實；一待上
掤過後轉為下攦，則此腿即須轉變為虛。這樣做，就將兩手
的虛實和兩足的虛實統一於整個上下虛實之中，形成處處總
有此一虛一實（提腿獨立、解脫擒拿時除外），達到了意氣
靈換的要求，產生圓活如珠的趣味。

　　2.由於此式橫向動步，因此極易表現出對圓襠的要求。

圖 120 　　　　　　　　　圖 121

圓襠是產生腿部纏絲暗勁所必具的形式。正確而標準的圓襠，就是不要形成高站而尖襠、低站而蕩襠，要求在不尖不蕩的情況下進行動作，以達到正確的圓襠。

3.運手是太極拳中唯一鍛鍊雙順轉雙逆的大纏絲的拳式。此式須充分表現出腰脊聯合為一，成為球形車軸的作用，其關鍵在於它不是平面地左右纏絲，而是具有裡外纏絲的成份，並以之作領導。透過這個要求，進而可以檢查一下「氣貼脊背」是否貼得緊，腰如圓軸是否圓得活。

第三十二式　高探馬

動作一：身體左轉，重心左移，右腳向右前（西南）斜跨半步。同時，左手逆纏，收至胸前；右手順纏，經腹前向左合攏，兩臂交叉於胸前，右臂在外。（圖120）兩臂先微合，收縮交叉圈，隨即兩手逆纏分向左右展開，掌心斜朝下；重心在兩臂微合時稍右移，兩手展開時再左移。（圖121）

圖122　　　　　　　　圖123

　　動作二：身體左轉，重心移於右腿。同時，右手轉臂逆
纏至右手旁，掌心斜朝裡；左手小順纏向右合，掌心朝上。
（圖122）以右腳跟為軸，身體繼續左轉，重心全部移於右
腿，左腳提回，經右踝內側向後（西）撤步，以腳尖點於右
腳旁，兩腳距離同肩寬。同時，左掌屈臂逆纏收回至左腰
側，掌心朝上；右掌順纏向前推出，掌心朝外。（圖123～
124，附圖124正面圖）

　　要點：

　　1.動作二的後一部分，右掌推出、左掌裡收與左腳撤步
要協調一致。

　　2.此式上承運手雙開之後，因此在做合開動作時，必須
注意「意欲合必先寓開，意欲開必先寓合」的要求。也就是
在合之前，先將兩掌根向下一沉，再雙合起來，合後再開之
前，也須先收緊一下合圈，再向左右雙開。

圖 124　　　　　　　　　　圖 124 附圖

3.當右手繞一小圈收至右耳旁時，須氣貼脊背，先行卷勁。只有卷足再放，才能放出一種旋轉的按勁。

4.此式在右手前推高探時，須具有支撐八面之勢。此式與斜行拗步的不同點是，斜行拗步的右手經右耳旁是向左右分開的勁；而此式是前後開中寓合的勁，並要求在纏絲線路中沒有凹凸和內勁中斷的缺點。

第三十三式　右擦腳

動作一：右手小順纏下攦至腹前，掌心朝左，手指朝下；左手自腰側轉臂逆纏至胸前，掌心朝上。（圖 125，附圖 125 的正面圖。圖 125 中的姿勢在圖 125 的正面圖之後，是已經將要向右挒出之時）身微右轉，重心仍在右腿；同時，兩手左逆、右順纏，左手附於右小臂內側，以右小臂向前挒出，高與肩平。（圖 126，附圖 126 正面圖）

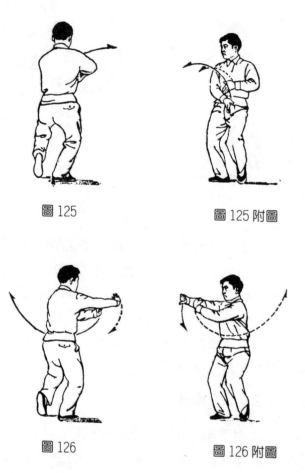

圖 125　　　　　　　　圖 125 附圖

圖 126　　　　　　　　圖 126 附圖

　　動作二：身微左轉。同時，左手逆纏，自右而下經腹前
向左展開，掌心朝右；右掌順纏稍下移，掌心朝下，兩臂展
開（此時肘尖朝下一沉，為開中寓合）。（圖 127，附圖
127 的正面圖）身微右轉，右手轉臂順纏向裡合至胸前左
方，左手自左而上向右畫弧至右臂上方，兩臂交叉；同時左
腳經右腳前向右橫跨一步，腳尖朝前。（圖 128，附圖 128

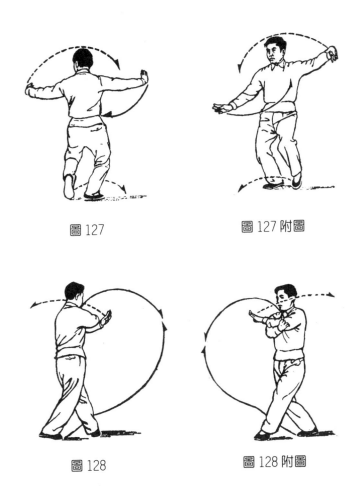

圖127　　　　　　　　圖127附圖

圖128　　　　　　　　圖128附圖

的正面圖）

　　動作三：右腳腳面繃平向右前上踢；同時，兩手順纏向
上經面前向左右分開，掌心朝下，右掌即逆纏迎擊（帶擦）
右腳面，左掌也隨著向左後逆纏下拍。（圖129，附圖129
的正面圖）

圖129　　　　　　　　圖129附圖

要點：

擦腳的主要動作是以裡大雙順纏的開，轉為大雙順纏的合；在兩臂雙合時，左腿橫跨，由虛變實；同時，右腿變虛，即以右腳上踢，這時兩臂即轉為大雙逆纏向左右拍擦；此時應注意兩手的小指。在這樣大順大逆纏的擦腳過程中，使左腿獨立穩定的關鍵，在於上踢的右腿面平直作用上。

第三十四式　左擦腳

動作一：右腳收回，向右（東）下落，腳尖外撇踏實，身體同時右轉，重心移於右腿，左腳跟離地提起；同時，兩手順纏自左右而下向胸前合攏交叉。（圖130，附圖130的反面圖）身體微右轉；同時，兩手順纏向上經面前向左右分開，掌心朝外。（圖131）

動作二：左腳繃平腳面向左前上踢；同時，左掌逆纏迎擊（帶擦）左腳面，右掌也隨著向右後逆纏下拍。（圖132）

圖 130　　　　　　　　　　　圖 130 附圖

圖 131　　　　　　　　　　　圖 132

要點：

1.在一合一開的轉換時，要保持穩定，亦即在重心移至右腿上時，必須由兩手合勁將左腿提起。同時，重心右移時身體要中正。

2.要在兩手左右分開時提起左腿，再把左腳向上踢出；踢出的方向是在左側與前方的中間，也就是與拳路成 45 度為宜。

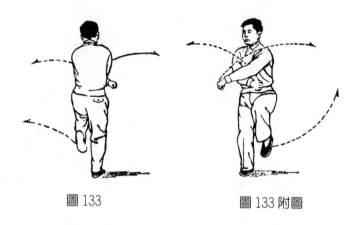

圖 133　　　　　　　圖 133 附圖

第三十五式　蹬一根

動作一：左腳收回提起，以右腳跟為軸，身體向左後轉135度；同時，兩手以順逆纏向胸前交叉；在轉體的同時，兩掌變拳逆纏一個圈交叉合勁於胸前。（圖133，附圖133的正面圖）

動作二：隨即左腳腳尖翹起，以腳跟向左（西）蹬出；同時兩拳提起，經胸前向左右分別發出，拳心朝下。（圖134，附圖134的正面圖）

要點：

1.在身體一轉時要保持穩定；轉身時，要將提起的左腳腳面盡量繃平，使腳尖朝下，以減輕左腿的下垂重量。轉身須運用兩臂雙逆纏時的慣性來把身體帶轉過來。所以，有人稱為「掛樹蹬腳」，因為兩臂在上雙逆一轉，好像兩手掛在樹上一樣。此式還須注意立身中正、氣沉丹田與頂勁不丟等要求。

圖 134　　　　　　　　　圖 134 附圖

圖 135　　　　　　　　　圖 136

第三十六式　前蹚拗步

　　動作一：左腳收回提起；同時，兩手變掌，左手順纏畫弧至胸前，右手微逆纏，兩掌心皆朝右。（圖135）左腳腳尖外撇向左（西南）下落，身體左轉。同時，左手順纏轉臂至胸前，掌心朝右前；右掌逆纏到左小臂上方。掌心朝左前，兩臂交叉。（圖136）

圖 137　　　　　　圖 138

動作二：與第十式「前蹚拗步」動作二同，惟方向不同。第十式中右腳是向東南斜方邁步，而此式右腳是向西北斜方邁步。（圖137）

要點：

與第十式「前蹚拗步」相同。

第三十七式　擊地捶

動作一：身體右轉，右腳尖外撇，重心移於右腿，左腳提起，經右踝內側向左前（西南）斜方上步，隨即重心左移。同時，左掌順纏，自左經面前右移變拳，拳心朝裡；右掌由順轉為逆纏，向右後畫弧變拳，拳心朝前上（圖138）。

動作二：身微左轉。同時，右拳順纏至右耳旁，拳心朝裡；左拳順纏，經胸前而下向左側下落；拳心朝上。（圖139，附圖139的正面圖）身體繼續微下蹲，左腿繼續前弓。同時，左拳逆纏屈肘向左上提起，拳心朝下；右拳逆纏

圖 139   圖 139 附圖

圖 140   圖 140 附圖

向前（由外向裡逆纏一小圈）下擊，拳心朝裡。（圖 140，
附圖 140 的正面圖）

要點：

1.此式的重點，是要在俯伏中達到「尾閭正中神貫頂」
的要求，只要尾閭正中了，才會使身不倒向前面，也就是由
於尾椎下壓，可使整個脊骨貫串；只要脊骨上彈性充足（三

圖 141   圖 141 附圖

關大道開放了），就可一彈而起，任何重壓都是壓不住的；
倘若尾閭一倒，失去彈性，則伏地不能再起了。

　　2.要在俯伏中頂勁不丟，也就是由於兩拳以雙順纏的勁
在地面上對畫一圈，這樣不但揉動了脊背，而且頭頂上也同
樣轉一個小圈。所以又名為「神仙一把抓」，就是抓了一圈
後變為拳，然後再在地面上轉一個圈，並向下擊打，如同撥
開地面塵土後，將物件栽種下去一樣，因此又名栽捶。

　　第三十八式　翻身二起腳

　　動作一：身體右轉，重心在左腳，右腳微伸不挺直；同
時，左拳屈臂隨轉體微下移，右拳轉臂、屈肘、屈腕上舉，
兩拳心皆朝裡。（圖141，附圖141的正面圖）以左腳跟為
軸，身體繼續右轉，腳隨轉體收回半步，以腳尖點地。同
時，右拳順纏向身體右側下落，拳心朝上；左拳逆纏自左而
前屈肘上舉，拳心朝裡。（圖142）重心移至左腿，左腿下
蹲（加強左腿彈性）；同時，右拳轉臂逆纏自身後弧形上

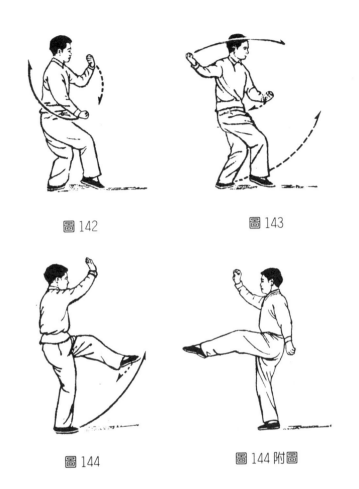

圖 142

圖 143

圖 144

圖 144 附圖

舉，左拳逆纏向身體左側下落。（圖143）

　　動作二：重心前移，右腳跟落地踏實，左腳繃平腳面向前上方踢起；同時兩拳變掌逆纏，右手向前上、左手向後下畫弧，右掌心朝前，左掌心朝裡下。（圖144，附圖144的正面圖）左腳尚未落地，右腳即蹬地躍起，向前上方繃平腳面踢起，右掌即向前迎擊右腳面，隨即左腳落地，左掌在右

圖 145　　　　　　　圖 146　　　　　　圖 146 附圖

掌迎擊右腳面時向左平舉。（圖 145～146，附圖 146 的正面圖）

要點：

二起腳是訓練彈跳的動作，是左右兩腳相繼離地躍起踢出的，所以又稱為踢二起。陳式太極拳的二起腳，有四種練法，可根據練者的身體強弱和目的來選擇。茲按由易到難的次序，列舉如下：

（1）以一起來代替二起，就是僅以右腳上踢，以右掌迎擊右腳面，而沒有兩腳騰空的過程，但練時仍要具有二起的上提勁；

（2）即按上述動作說明的方法進行鍛鍊，其特點是，以擴大纏絲圈的大開大展來協助身體的躍起和二踢；

（3）減少動作和縮小纏絲圈，僅纏一圈，即兩腳相繼騰空踢起；

（4）在擊地捶後，翻身一轉，兩腳即行相繼騰空踢起，這是最簡單的一種，也是難度最大的一種。

圖147　　　　　　圖148　　　　　　圖149

第三十九式　獸頭勢（又名護心捶或打虎式）

動作一：右腳下落尚未著地，左腳即躍起；同時兩手自左而上向右上方順纏掄起（兩手要具有領勁，領著身體凌空而起，像籃球投籃式。如身體較弱者，可將右腳先落地，左腳再提起，不做騰空過程的動作）。（圖147，該圖是銜接圖146的正面圖而下的，因此自圖147～151仍應胸部朝東進行動作）

隨即右腳落地，右腿下蹲，接著左腳向左後（西北）斜方橫出一步，仆左腿，左膝微屈；身體同時右轉；兩掌隨轉體向右前方下落，掌心朝右下。（圖148）身體左轉，重心左移，弓左腿，蹬右腿，右膝微屈；同時兩掌變拳轉臂左逆、右順纏，左拳經腹前向左上纏使拳心朝左，右拳自右纏至胸前，拳心朝左上（成左打虎式）。（圖149）

動作二：身微右轉，右腳向左稍移，以腳尖點地；同時，左拳逆纏屈臂裡收至與頭平，右拳順纏屈臂裡收至胸

圖 150　　　　　圖 151　　　　　圖 152

前。（圖 150）身體繼續微右轉，左腿下蹲，右腳跟裡側貼
地面，向右前（南稍偏東）鏟出成仆步；同時兩拳左逆、右
順纏隨身體下蹲下沉。（圖 151）身體繼續微右轉，重心右
移，弓右腿。同時兩手轉臂逆纏，左拳隨轉體右移，拳心朝
右後；右拳經胸前而下纏至右腹側，拳心朝裡。（圖 152，
該圖所示姿勢為正面，其實兩腳所踏處，仍如上圖原地未
動，自圖 152～154 所示也仍是胸部朝東進行動作）身體繼
續微右轉。同時，左拳經胸前向左順纏至左腰前，拳心朝
裡；右拳自右後而上，轉臂屈肘逆纏至右耳旁，拳心朝下。
（圖 153）身體左轉，重心微左移，左膝微屈；左拳向裡微
收至腹前，右拳轉臂、腕裡屈向前伸出，兩拳心皆朝裡。
（圖 154）

　　要點：

　　1.此式要求裡外纏絲的成份多些，並要求在裡外動作之
中來達到節節貫串、周身一家。與前比較，這是需要進一步
練習的。這一拳式是易於明顯地表現出一動全動的要求的。

圖 153   圖 154

2.由於裡外纏絲成份多，就促進了腰脊聯合作主宰的作用，而主宰之中又是以脊背居於第一位（為引進落空的主要纏絲）。所以此式在太極拳運勁中為鍛鍊裡外、順逆纏絲勁的主要形式之一。

3.此式動作起來襠口要求低（但低不過膝），它在變換腿中虛實時，尤易感到會陰（前後陰之中部）之氣上沖尾閭，這是表現在此式內的圓襠的主要要求。

4.此式中的外順纏的掤勁和內逆纏的攦勁，要求在轉彎抹角變換掤攦纏絲面時，其螺旋形動作都能達到皮膚上，且無缺陷存在於內；這就是說，只有在皮膚上的螺旋才能達到纏絲勁的牽動作用（纏絲勁是不是能達到皮膚面上而無缺陷，在此式中最易表現出來）。

第四十式　旋風腳

　　動作一：身微左轉，重心左移，左腿微弓。同時左手順纏向左下翻至左腹前，拳心朝上；右手順纏微向右前翻至腹

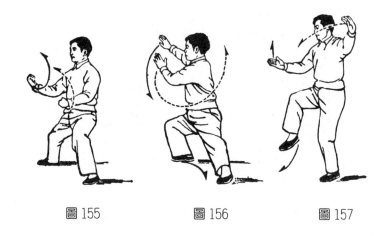

圖 155　　　　　　　圖 156　　　　　　　圖 157

前，拳心朝裡上。（圖 155，此圖中兩腳所踏處仍如上圖原地未動，胸部仍朝東，由胸部朝東方向開始此式動作）身體右轉，重心右移，弓右腿，左腿伸而不直；同時兩拳變掌逆纏，經胸前向右展開。（圖 156）兩手逆纏向右而下，變為右順、左逆纏地上轉，左掌經腹前向左上畫弧至高與頭平，掌心朝外；右掌弧形纏至腹前，掌心朝左。同時重心左移，右腳向前提起。（圖 157）

　　動作二：右腳腳尖外撇向前上半步，體重前移，左腳隨著提起；在右腳提起上步的同時，兩手順纏，右掌前推，左掌經面前向右弧形下落，左小臂落在右小臂上，兩臂交叉合勁，兩掌心皆朝下。（圖 158）兩臂順纏分向左右展開，掌心皆朝後；同時，左腳自後下向上以裹勁弧形裹起，以腳內側與左掌相迎擊。（圖 159，此時胸部該朝南）以右腳跟為軸，身體向右後轉（180 度，胸部朝北）；隨著轉體的同時，兩手由開轉為裡合，向胸前交叉，左臂在上；左腳也隨轉體自上向右後掃轉。（圖 160）

圖158

圖159

圖160

圖161

　身體繼續微右轉，左腳落地；同時兩手縮小合勁圈，左
掌心朝下，右掌心朝裡。（圖161，附圖161的正面圖，圖
161的正面圖是銜接於圖160之後，其實是胸部朝北，而自
圖161起已與動作說明中的方向相符）

要點：

1.旋風腳是一腳站立、一腳懸空的掃襠腿勁，前四個圖是表現旋風掃勁前的開合（從圖 158～161 來完成旋風腳的旋掃勁）。

圖 161 附圖

2.圖 159 表示旋風腳的掃起，左掌與左腳側拍後轉體，在轉的過程中，要求左腿微彎不直地橫轉過來，但不允許屈著腿轉過來；這是對腰勁和右手平衡的訓練，需要花些時間練習。

3.陳式太極拳為了適應於不同的對象，有些動作分為難易兩種練法。此式另一種練法是（從圖 158 開始）先將右腿上前半步，左腳跟提起，雙手交叉於胸前；接著左腳向前上踢（不是橫掃），踢後屈膝收腿轉身下落（不是直著腿橫轉過來）；左腿落實後，提起右腳橫著腳跟蹬出。其不同點，是去掉橫掃的勁，改變為踢腳和蹬腳兩個動作。

第四十一式　蹬一根

動作一：身微左轉，重心微左移；同時，兩掌心翻朝前，並收縮交叉圈，隨即兩掌逆纏經腹前分向左右展開（意注於兩手小指）；身體隨兩手分開時轉正，襠口更下沉。（圖 162）身微左轉，重心左移，右腳收回，以腳尖點於左腳旁；同時，兩掌變拳順纏，自左右而下向腹前合住勁，兩小臂交叉，左臂在上，拳心皆朝裡下。（圖 163，附圖 163

圖 162　　　　　圖 163　　　　圖 163 附圖

圖 164　　　　　　圖 164 附圖

的正面圖）身體繼續微左轉（全身掤勁不丟），兩臂縮小交
叉圈（以蓄勁），右腳提起。（圖 164，附圖 164 的正面
圖）

　　動作二：兩拳順纏分向左右發勁；同時右腳勾起腳尖、
以腳跟向右側蹬出發勁。（圖 165）

圖165　　　　　　　圖166　　　　　　　圖167

要點：

1.此式與第三十五式「蹬一根」的不同點是，前一拳式蹬左腳，此式蹬右腳。做這個蹬一根，要在蹬前先作好充分的蓄勁，然後再發，以達到「蓄而後發」的要求。

第四十二式　掩手肱捶

動作一：右腳提膝收回，左腳獨立；同時，右拳順纏下落於襠前，左拳順纏微向下落。（圖166）以左腳跟為軸，身體右（東）轉。同時，右臂外轉向裡順纏，自襠前而上，隨轉體向右側弧形下翻至右腿旁，右臂下垂，拳心朝上；左拳轉臂逆纏由裡下轉向外上，豎起左小臂，拳心朝裡。（圖167）

動作二：兩拳變掌在胸前一合，雙順纏下落，右手稍低於左手，右腿仍提起。（圖168）兩掌自左右上舉，將身體領起（如籃球運動中兩手投籃的雙領勁），右腳尖上抬。（圖169～170，兩圖中身體領起後，仍應與圖168方向相

| 圖 168 | 圖 169 | 圖 170 |

同，該兩圖所示為其正面和側面）右腳平掌蹬地震腳，身微右轉，左腳向左前（東北）方邁步，兩腳屈膝下蹲；同時，右掌變拳逆纏至左腹前，左掌逆纏向胸前裡收合攏，左掌置於右肘上方交叉。（圖171）

動作三：右拳轉臂順纏向右下，左掌逆纏向左上弧形分開，右拳心朝下，左掌心朝外。（接圖52，圖51即圖171姿勢）

動作四：與第十四式「掩手肱捶」動作三相同。（接圖53～54）

要點：

1.蹬後的右腿不落地。由於兩拳順纏後收回，帶動右腿收回；在收回的過程中，由於兩拳左向前、右向後的雙翻，

圖 171

圖 172　　　　　　圖 172 附圖

使收回的右腿和獨立的左腿穩定下來。

2. 要求頂勁上領，氣向下沉，沉肩垂肘，左足平實踏穩。就自然獨立穩當。

3. 此式與第十四式「掩手肱捶」的重點，皆在發勁，惟銜接動作各不同。

4. 此式在轉身蹬腳之後，轉為兩手上下翻轉地合住勁（圖 167）；合後兩手一分，產生開勁（圖 168）；分後兩手緊接著上舉和兩掌上托，如捧住籃球躍起，並向籃內投進去一樣，這樣可將身體領了起來。

第四十三式　小擒打

動作一：身體右轉。同時，右拳變掌大逆纏、屈肘，掌心朝下，虎口張開；左掌自左脅側小逆纏至胸下。（圖172，附圖 172 的另一側側面圖）右腳腳尖外撇向前上步；同時，右掌向前順纏翻掌使掌心朝上，左掌順纏交搭於右小臂上。（圖 173）緊接著左腳向前上一大步，腳尖微裡扣，

圖173　　　　　　　　　　　圖173附圖

圖174　　　　　　　　　　　圖175

仆腿；同時兩掌逆纏翻掌，右掌向上、左掌向前下分開以掌根突然削出。（圖174）

　　動作二：緊接著，身微右轉。同時，右掌自右上順纏下落於右肋旁，掌心朝肋；左掌順纏自下上轉，小臂豎起，掌心朝前上。（圖175）重心左移，弓左腿，身微左轉。同時，左掌逆纏轉臂微落，右掌順纏自上向左，兩掌交叉內合

圖176　　　　　　　　圖177

的向左（東）發勁。（圖176）

要點：

1.此式的動作要一連串、毫不停留地完成，目的在於順著要勁以給之，也就是順著要的方向，不予頂抗，由雙掌逆纏雙削而解放。

2.此式最後的動作，須在不停留的過程中，重心左移，弓左腿，兩掌合到終點，交叉地突然向左方一擊；此時應意注兩掌的掌根。

3.小擒打這一拳式，分為左右兩部份動作，但卻統一地表現出來，目的在於運用纏絲的螺旋，順應要勁，由雙順纏手法和雙逆纏開勁，再轉為雙順合勁和雙逆發勁。

第四十四式　抱頭推山

動作一：身微右轉。同時，兩掌變拳，右拳轉臂逆纏向前下伸，拳心朝下；左拳逆纏自左下收回，畫一小圈合搭於右臂上，拳心朝下；重心仍在左，弓左腿。（圖177）重心

圖 178　　　　　圖 179　　　　　圖 180

移於左腿，以左腳跟為軸，身體向右後轉，右腳裡收半步，以腳尖點地；同時兩拳小順纏在胸前合住勁，拳心皆朝裡上。（圖 178）兩拳變掌以雙順纏緊縮交叉圈後下落，即轉臂為雙逆纏，向左右分開，將要達到終點時轉為雙順纏，以手背放勁，兩掌心相對；右腳尖仍點地。（圖 179）

　　動作二：身體左轉；同時，兩掌隨轉體微向左移，兩肘下沉，兩掌即以右順、左逆纏收回至兩耳旁，掌心朝兩頰；同時重心再稍左移，仍以右腳尖點地。（圖 180）右腳前邁半步，隨著重心前移，右腿屈膝變實，身體右轉；同時，兩掌自兩頰旁向右微下落，即隨轉體雙順纏向前推出；意注兩掌小指，掌心朝外。（圖 181）

圖 181

要點：

1.此式的要點在於雙逆開之後變為雙順而達到終點。用兩手背放開和肘的下沉，並由沉肘將兩掌轉到兩耳旁，形成抱頭的前半式。

2.採用兩掌合而向前按勁者，在第一路拳套中勁別有三：

(1)「六封四閉」，它是兩手向前表現出四成閉和六成封的勁；(2)「雙推手」，它是兩手向前用掌根推出勁去；(3)「抱頭推山」，它是雙手向前按，微蓄，放開大步，弓右膝，臀部沒有伸縮，由脊背放出勁去。

3.這種兩掌前按的形式和內勁各有不同，已如上述。另外，它在推山放勁的同時，還要以呼氣（發出噓音）來配合著掌根下塌，一齊放出勁去，才使推山的推勁恰到好處。

第四十五式　三換掌

動作一：身體右轉。同時，左手順纏翻掌微前伸，使掌心朝上；右手順纏屈肘裡收至左臂上側。同時配合以左膝內纏、右膝外纏。（圖182）身微左轉。同時，右掌順纏向前轉為逆纏，橫掌推出；左掌順纏屈肘裡收至胸前，掌心朝右上。同時配合以右膝外纏、左膝內纏（完成第一次換掌）。（圖183）

動作二：身再微右轉。同時，左掌經胸前而上順纏向前，轉為逆纏，橫掌推出；右掌順纏屈肘裡收至胸前，掌心朝左上。同時配合以右膝外纏、左膝內纏（完成了第二次換掌）。（圖184）身微左轉，右膝更前弓；同時，右掌經胸前而上順纏向前轉為逆纏，橫掌推出；左掌轉臂順纏下落，

圖 182　　　　　　　　圖 183

圖 184　　　　　　　　圖 185

掌心斜朝裡右。同時配合以左膝外纏、右膝內纏（完成第三次換掌）。（圖185）

要點：

1.此式是在不動步的情況下進行動作，並且沒有大開大合，而僅在胸前很小範圍內變換手法，它的轉臂收回是順纏，轉到推勁時是逆纏，這是換掌的特點。

2.三換掌的過程中，不但在胸前這小範圍內達到一動無有不動的要求，還要在左右轉換接頭中，掤勁上沒有缺陷

（形的凹凸和勁的斷續），緊要全在胸中腰間的運化。

3.三換掌，第一次是用右掌推出，第二次用左掌推出，第三次仍舊是用右掌推出，它是在不換腿的情況下形成了三次轉換；轉換時由於腰襠的變換和腿的纏絲旋轉，使腰襠和腿部內勁的虛實也隨著轉換三次，使之仍符合上下相隨的要求；但一條腿支撐全身較久，運動量就較大。此式不僅能提升體育效果，也能提升技擊的化勁技能（這是陳發科老師的晚年傑作）。

第四十六式　六封四閉

動作：與第四式「六封四閉」動作二相同。（接圖18～20）

要點：

參看第四式「六封四閉」要點。

第四十七式　單　鞭

動作和要點：與第五式「單鞭」相同。（接圖21～26）

第四十八式　前　招

動作一：身微左轉，重心向左微移。同時，右勾手變掌，屈肘轉臂，豎小臂順纏至面前，掌心朝左上；左手逆纏向左下方平按，掌心朝下。（圖186）

動作二：重心右移，以右腳跟為軸，身體右轉，右腳尖外撇；左腳提起，隨轉體向右腳靠攏，以腳尖點於右腳旁。同時，右手轉臂逆纏橫掌向右弧形外展，掌心朝外；左掌轉臂下落，隨轉體弧形右移，掌心朝右。（圖187）

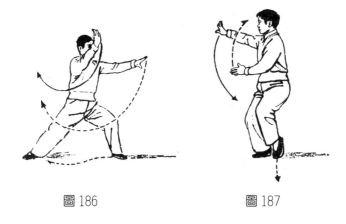

圖186　　　　　　　　　　圖187

要點：

此式動作有如執著長槍舞動一樣，兩臂為合勁。光是左掌如執槍柄一樣向左上領起，右掌在右向左上橫托，如執槍桿一樣，將左腿帶起，這時腰的右側皮膚緊，而左側鬆，這是一個運用腰部使人感到舒適的特殊動作。

第四十九式　後　招

動作一：左腳向左橫開一步，重心隨即左移，弓左腿。同時，左手逆纏轉臂向左上翻轉，掌心朝外；右掌轉臂自右順纏下落，掌心朝左下。（圖188）

動作二：身體左轉，重心繼續左移，右腳向左腳靠攏，以右腳尖點於左腳前；左手逆纏一個圈。（圖189）身微右轉。同時，右掌轉臂逆纏，弧形上翻，掌心朝外；左掌轉臂順纏，自上而下弧形右移，兩手在右側上下合住勁。（圖190）

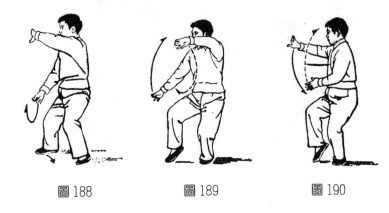

圖188　　　　　　圖189　　　　　　圖190

要點：

1.前招的主要點，是右掌托後一轉，練這一轉勁，提高了腰部右側的功能，後招則提高了腰部左側功能，所以統稱為前後招，也可合併為一個拳式。

2.前招是排列在單鞭之後，它聯合後招，又統稱為斜單鞭，表示在單鞭之後，接連做一個斜式單鞭。它是運用小身法來揉動腰脊。重點在靈活地左右變換，使人感到有一種圓活的趣味。

第五十式　野馬分鬃

動作一：左手逆纏轉臂，經胸前而上向左上翻轉，掌心朝左；右手順纏轉臂，自右而下，屈肘向右上托，掌心斜朝裡上，兩手在左側上下合住勁；重心仍在左腳。（圖191）

身微下蹲，右腳微向前，腳尖離地提起。同時，左掌向左後逆纏展開，掌心朝外，右掌順纏展開，隨著乘勢前托，掌心朝上。（圖192）右腳向前邁步，隨著重心前移，弓右

圖 191　　　　　　　　圖 192

圖 193　　　　　　　　圖 194

腿，右腿變實。同時，右手順纏隨重心前移之勢前托；左手
逆纏向後外撐，高與肩平，掌心斜朝後下（完成第一個野馬
分鬃）。（圖193）

　　動作二：身體左轉；同時，右掌屈肘轉臂順纏至面前，
左掌轉臂微屈肘逆纏向左下按；重心仍在右腿。（圖194）

　　以右腳跟為軸，腳尖外撇，身體右轉。同時，右掌轉臂
順纏向右上翻、外展，掌心朝前下；左掌隨轉體向前畫弧。

圖195　　　　　　　　　圖196

（圖195）身體繼續右轉，右腳尖繼續外撇，重心全部移於右腿，左腳向前提起。同時，右掌隨轉體之勢以逆纏向右後方（東）弧形橫展；左掌微下落，轉臂屈肘向前上托。（圖196）左腳向前邁步，隨著重心前移，弓左腿，左腿變實。同時，左手順纏隨重心前移之勢前托；右手逆纏向後外撐，高與肩平，掌心斜朝後下，完成第二個野馬分鬃。（圖197）

　　動作三：身體右轉，重心稍左移，左腿更前弓；同時，左掌隨轉體之勢以逆纏翻掌向左前按出，右掌逆纏自右弧形收至胸前。（圖198）身體右轉，重心右移，弓右腿。同時，左掌轉臂順纏，經胸前右按；右掌轉臂逆纏，向右展開，掌心朝右。（圖199）身微左轉，重心左移，弓左腿。同時，左掌順纏下落至右腰前，掌心朝左前；右掌經胸前而下，逆纏屈肘向左抬起至高與肩平，掌心朝左。（圖200）身微右轉，重心右移，弓右腿；同時，左掌順纏，自左而下纏至腹前，右掌向右逆纏至高與腹平，掌心皆斜朝右後下

圖197　　　　　　　　圖198

圖199　　　　　　　　圖200

方。（圖201）身體左轉，左腳尖外撇，重心左移，弓左
腿。同時，左掌順纏屈肘、腕，經胸前向左弧形掤出，掌心
翻朝裡上；右掌自右經面前向左逆纏伸出，掌心側朝前下。
（圖202）

　　要點：

　　1.野馬分鬃是一個使氣達於四梢的大鋪身法，如野馬不
受約束地奔騰一樣。此式的唯一要求是在頸下到脊這一連串

圖 201 　　　　　　　　圖 202

的脊骨兩旁的皮與肌肉要具有雙分開勁的意思，如馬分開鬃毛一樣；因為在身體的這一部位是「拔長容易分開難」，動作幅度微小，就難以將它分開，所以要左右反覆地練習。

2.此式最容易表現出順逆大纏絲勁。它在立身中正安舒、支撐八面的要求下，所有動作都須相對地表現出太極大纏絲勁：兩手是此上彼下，此下彼上，此裡彼外，此外彼裡，此順彼逆，此逆彼順，開中寓合，合中寓開地轉動著。所以，它很可以作為代表太極大纏絲勁的一個例子。

3.太極拳要求一切動作，都是由腰脊作主宰來運動，所以氣貼脊背是運動的核心。但對於背脊（如頸部七個椎骨），是最不容易將它分開和揉動的，因此這一拳式，就是為了符合這個要求而列入拳套的。

第五十一式　六封四閉

動作：與第二十九式「六封四閉」動作二相同。（圖203，接圖19～20）

圖 203　　　　　　　　圖 204

要點：

參看第四式「六封四閉」要點。

第五十二式　單　鞭

動作和要點：皆與第五式「單鞭」相同。（圖 21～
26）

第五十三式　雙震腳

動作一：身體左轉，重心左移，弓左腿，右腿微伸勿
直。隨轉體時，右勾手變掌順纏，自右而下經腹前向左纏至
左脅前（注意內勁不丟、不匾），掌心朝左；左手順纏向
左伸出，掌心朝下。（圖 204）身體右轉，重心右移，弓
右腿，左腿伸而勿直。同時，右掌轉臂逆纏，自左脅前而上
經面前向右展開，掌心朝前；左掌轉臂逆纏，隨轉體屈
肘微抬，掌心朝上。（圖 205）

動作二：身體繼續右轉，左腳尖裡扣，重心向後移於左

圖205　　　　　　　　圖206

圖207　　　　　　　　圖208

腿，右腳稍裡收，以腳尖點地。同時，左掌自左經面前逆纏
下落至右肘上側；右掌轉臂順纏，自右而下向前上撩至胸
前。（圖206）兩手在胸前逆纏，以纏絲勁領起全身，提起
右腿，左腳蹬地躍起。（圖207～208）兩腳左先右後下落
（所以又名雙落腳），蹬地震腳，左重右輕；兩掌隨震腳時
下按，掌心翻朝下。（圖209）

圖209

要點：

1.圖207的內合為蓄勁；使身肢掤勁的彈性加強，須以兩臂微張而合的領勁與左腿的上彈勁，借將身肢一領而躍起，然後自然先後落地。

2.震腳的作用已見第二式「金剛搗碓」要點3。另外，在舊社會，如果有人被人以「節拿抓閉」等手法所傷以致昏迷或呆了時，為了恢復正常，通常是將患者身體直立舉起，向地上一搗，由於震動，可使某部循環恢復過來。

第五十四式　玉女穿梭

動作一：右腳微提，右手微抬，左手在胸前配合合住勁（姿勢與圖206相似）。右腳向前躍進半步；同時，左掌向前平推發勁，並帶動左腳向前躍進一大步，身體隨著右轉，左掌也隨著前推（形成兩腳騰空的過程，如圖210；如年老體弱可以不做騰空過程的動作，如圖210附圖）身體凌空繼續向右後轉270度，左腳落地，接著右腳也隨轉體向右橫行落步；同時，兩手右順、左逆纏，右手向右上、左手向左下斜向展開，形成開勁。（圖211）

動作二：身體向左轉正（朝南），左膝微屈；兩掌以順纏而合，以逆纏分開，右上左下。（圖212）

要點：

1.此式是由兩個動作聯合為一個動作，其要點在於接連

圖210   圖210附圖

圖211   圖212

上三步，也就是右腳前躍半步，左腳前跳一大步和右腳又橫落一步。這三步須接連完成。好像織布機上的梭子在兩層紗中很迅速地穿過一樣，這是名副其實的穿梭勁，與後來發展為玉女穿梭向四角翻轉的拳式中動作不同。

2.此式好像一種特殊的三級跳遠，是在三躍步中用旋轉身體來完成的；在技擊上說，它適用於穿出包圍圈，是在亦攻亦守的姿勢下穿出來的。

3.如果運動場地較小，或年老體弱，或想減小運動量，都可以刪去騰空跳躍的動作，改為轉身上步的練習方法。

第五十五式　懶扎衣

動作一：重心全部移於左腿，右腳提回，腳尖一經點於左腳旁後，即以腳跟向右貼地鏟出；同時兩手畫弧，由大開轉為雙順纏大合。（接圖12）

動作二：與第三式「懶扎衣」動作二相同。（接圖13～14）

要點：

與前第三式「懶扎衣」要點相同。

第五十六式　六封四閉

動作和要點：皆與第四式「六封四閉」相同。（圖15～20）

第五十七式　單　鞭

動作和要點：皆與第五式「單鞭」相同。（圖21～25，後接圖113）

第五十八式　運　手

動作和要點：皆與第三十一式「運手」相同。（圖114～119）

第五十九式　擺腳跌叉

動作一：身體右轉，重心左移，左膝弓出；同時兩掌相

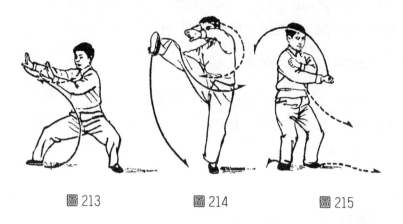

圖 213　　　　　圖 214　　　　　圖 215

繫著以右逆、左順纏地向右平移至身體右側，高與肩平，掌
心皆朝右。（圖 213）重心全部移於左腿，身體起立，右腳
提起，自左而上經胸前而上向右橫擺；同時兩掌左逆、右順
纏，自右肩側向左，左掌先、右掌後橫行迎拍右腳面外側，
連續擊響兩聲，兩掌心皆朝左。（圖 214）

　　動作二：兩掌拍腳面後變拳，左手裡逆纏自左而下經胸
前向右畫弧，右手外順纏下落於腹前，兩臂合勁交叉於胸
前，左拳置於右臂上；右腳橫擺後，自右下落，於左腳旁蹬
地震腳，全身氣向下沉，左腳跟微提起。（圖 215）右腿屈
膝下蹲，左腳腳尖翹起，以腳跟貼地向左鏟出，右膝裡扣、
鬆胯、合襠下沉，臀部、右膝裡側和左腿後側一齊貼地。同
時，右拳經面前而上向右弧形舉起，拳心斜朝右上；左拳經
右臂裡側而下隨左腳鏟出前伸，拳心朝上。（圖 216）身體
向前而起，蹬右腿，弓左腿，成左弓步。同時，左拳以拳面
向前上方衝起，拳心朝裡；右拳轉臂順纏下落於右胯旁。
（圖 217）

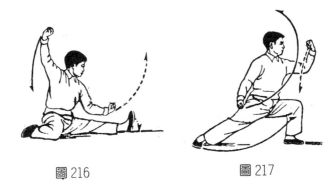

圖216　　　　　　　　圖217

要點：

1.此式分為擺腳和跌叉兩個階段：在擺腳階段，擺腳時看來好像是兩手去拍腳，其實需要手和腳相互迎擊，右腳外擺下落時身體仍須中正，震腳時必須下沉勁整；在跌叉階段，就其技擊作用來說，是預防不慎跌倒，可以利用臀部下沉著地彈起，即以後腳撐起和左拳上衝（兩者必須同時、一致地動作），騰然而起，獲得敗中取勝的效果。

2.此式較難做，對於自幼就學拳的人，還是容易做到的。為了適合年老體弱等不同的對象，適合在水泥地上或穿西裝褲進行練習，此式也可改為「擺腳下勢」，就是在擺腳之後，將後階段中的一跌取消，改為右腿屈膝下蹲、左腿向前仆出的仆步，接做後面圖218的動作。

第六十式　左右金雞獨立

動作一：重心全部移於左腿，身微左轉，左腿起立，左膝微屈，右腿提起，右腳面繃平，腳尖朝下。同時，兩拳順

圖218　　　　　　　圖219　　　　　　　圖220

纏，左拳自左前而下、右拳自右後向前而上，兩拳在胸前交
叉而過；隨著右腿將要提起時，兩拳變掌，右手順纏自右胸
前上托，左手逆纏下按（如圖222，惟左右相反）；隨著右
腿提起時，右掌向右上、左掌向左下逆纏展開，成左式金雞
獨立。（圖218）

　　動作二：左腿微屈（蓄勁），即躍起，兩腳騰空，隨即
兩腳左先、右後下落，蹬地震腳（左重右輕。為雙落腳），
兩膝微屈；右掌隨右腳下落同時下按至右胯前，左掌也向左
胯前下按。（圖219）身微右轉再向左轉，右腳向右（南）
橫開一大步，左腿屈膝下蹲。兩掌隨著身微右轉時自右上
舉，即隨著開右步和身左轉時經胸前向左以左逆、右順大纏
至與肩平，掌心皆朝左。（圖220）重心右移，左腳向右靠
攏，以腳尖點於右腳旁，成右腿實、左腿虛；同時兩掌順
纏，分別下落於左右兩胯旁。（圖221）

　　動作三：接著左腳踏實，重心左移，變左腿實，即又將
重心移回於右腿，仍變為右腿實，左腳跟仍離地提起。同

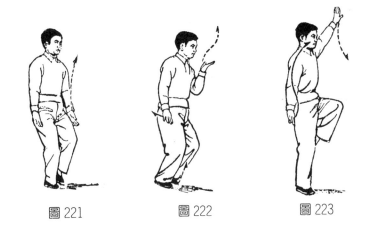

| 圖 221 | 圖 222 | 圖 223 |

時，左掌轉臂順纏屈肘上托，右掌逆纏在右側配合下按。
（圖222）隨即左腿提起，隨著左掌向左上，右掌向右下皆
以逆纏展開，成右式金雞獨立。（圖223）

　　要點：

　　1.前式跌叉彈起後（圖218），即為此式做好準備。做
好獨立的關鍵，在於提起腿的腳面應繃平，腳尖盡力朝下，
以減輕腿的懸垂槓桿重量；並以兩臂上下左右分展、對拉來
保持平衡，這樣可使身體達到穩定。

　　2.在第一個金雞獨立過渡到第二個金雞獨立中間有四個
圖，以求得在換位過程中得到穩定，然後再做第二個金雞獨
立；這樣，第二個獨立可以蓄而後發地上下一齊發勁，顯出
全身掤意勃發於外。

　　3.無論前式跌叉落地或改為不跌落的下勢，都是由最低
而奮起，達到最高的獨立拳式，可練習腿部的彈性和臂部的
提勁，這是此式的特點。同時，在形成獨立時，頂勁須懸
起，精神要振作，使氣遍身軀，形成「意氣風發」的形象。

第六十一式　倒捲肱

動作一：右腿屈膝下蹲。同時，左掌經面前逆纏而下；右掌自右而上由順纏轉為逆纏，弧形纏至右頰旁，掌心斜朝左前方。（圖224）以下同第二十二式「倒捲肱」動作一中圖87～88說明。（接圖87～88，附圖87和88的正面圖）

圖224

動作二、三：與第二十二式「倒捲肱」動作二、三相同。（圖89～91，再接圖88的正面圖）

要點：

與第二十二式「倒捲肱」要點相同。

第六十二式　退步壓肘

動作和要點：皆與第二十三式「退步壓肘」相同。（圖92～95）

第六十三式　中　盤

動作和要點：皆與第二十四式「中盤」相同。（圖96～99）

第六十四式　白鶴亮翅

動作和要點：皆與第二十五式「白鶴亮翅」相同。（圖100）

第六十五式　斜行拗步

動作和要點：皆與第二十六式「斜行拗步」相同。（接圖 33～38）

第六十六式　閃通背

動作和要點：皆與第二十七式「閃通背」相同。（接圖 101～106）

第六十七式　掩手肱捶

動作和要點：皆與第二十八式「掩手肱捶」相同。（圖 107～109，再接圖 52～54）

第六十八式　六封四閉

動作和要點：皆與第二十九式「六封四閉」相同。（圖 110～112，接圖 19～20）

第六十九式　單　鞭

動作和要點：皆與第三十式「單鞭」相同。（圖 21～25，後接圖 113）

第七十式　運　手

動作和要點：皆與第三十一式「運手」相同。（圖 114～119）

<table>
<tr><td>圖 225</td><td>圖 226</td><td>圖 227</td></tr>
</table>

第七十一式　高探馬

動作和要點：皆與第三十二式「高探馬」相同。
（圖 120～124）

第七十二式　十字擺蓮

動作一：接上式高探馬開式之後，左腳提回，以腳尖點於右腳旁，仍為右腿實、左腿虛；同時，兩掌轉臂左逆、右順纏，左掌自左而上向右、右掌自右而下向左畫弧，兩手以腕部交叉於胸前。（圖 225）以右腳跟為軸，身體右轉，仍以左足尖點地；同時，兩手逆纏，縮小交叉圈，左手在裡，兩手合住勁。（圖 226）身體繼續右轉，右腿屈膝下蹲，左腳提起向左側（東北）橫邁一大步，重心左移，弓左腿；同時，兩手逆纏，右掌向右上、左掌向左下分別展開，掌心皆朝外。（圖 227）

圖 228　　　　　　　　　圖 229

動作二：身微左轉，重心
繼續左移，弓左腿。同時，右
掌轉臂順纏，自右而下經腹前
向左纏至左腋下，掌心朝後
下；左掌轉臂順纏，屈肘使
小臂豎起，掌心朝右上。
（圖 228）身微右轉。同時，
左掌順纏，經額前向右合於
右臂上側，掌心朝下；右手在
左腋下順纏，使掌心轉朝下。
重心同時更向左移。（圖 229）

圖 230

動作三：右腳提起，自左前而上向右外擺半圈；同時左
掌逆纏向左迎拍右腳面外側。（圖 230）以左腳跟為軸，身
體右（西）轉；同時，兩掌變拳左逆、右順纏，右拳經胸前
而右向下、左拳轉臂屈肘自左而上一齊放勁，右拳高與胯
平，拳心朝上，左拳稍高於頭，拳心朝右。（圖 231）

要點：

1.該式是由緊合到大開，此時要求氣勢下沉；在左轉時兩膊須相繫，是合中寓開；以後又開，是開中寓合。

圖 231

2.由於左掌交叉地拍擊右腳面外側，所以稱為十字擺蓮。拍後以左拳上舉、右拳下翻同時發勁，以這種發勁的協調來取得轉體後的穩定。

3.做十字擺蓮的動作，常常會感到舒適和背脊發熱，這是促使氣遍身軀的現象。

第七十三式　指襠捶

動作一：左腳稍向左躍起，右腳向原左腳所踏處下落，蹬地震腳；身體右轉，左腳向左前（西南）斜方邁步，重心漸漸左移。隨著右腳下落震腳時，左手轉臂順纏至胸右；右拳順纏自右而上向左落於左小臂上；隨著左腳邁步時，左拳隨轉體逆纏自胸前而右繞起，屈肘豎起小臂，以小臂向前微挺，拳心朝右，右拳順纏翻至右胯旁，拳心朝前。（圖232甲乙）

動作二：身微右轉。左拳轉臂順纏在胸前下落；右拳轉臂逆纏自右而上，經右耳旁向胸前下落於左臂裡側，雙手合住勁。（圖233，該圖所示為側面，其實兩腳仍於原處如圖232中的兩足所踏處未動）身左轉，重心左移，弓左腿。同時，左拳轉臂順纏收回置於左脅下，拳心朝裡；右拳轉臂逆

圖 232 甲　　　　　　　圖 232 乙

圖 233　　　　　　圖 234　　　　　　圖 234 附圖

纏向左前下方打出發勁。（圖234，附圖234的側面圖）

　　要點：

　　1.此式要著重注意蓄勁。在兩拳於胸前合住勁時，需兩胯大開、圓襠和氣貼脊背。處於這種姿勢時，也最容易檢查出五張弓──兩手弓、兩足弓和脊背弓是否齊逗榫，五張弓的弓背上有沒有加強彈性，也就是說，有沒有感覺到五張弓

圖 235　　　　　　　　圖 235 附圖

背線上有繃緊的現象。

2.此式又為練習「胯打」的一個動作，其動力根源在於
右胯一繃，而將右拳的勁放出去，指著對方的襠內。

3.此式發勁時，外表是向右側斜著，似乎外形不正，但
發勁時的內勁，在於左手的向後領的上領勁，屬虛，而指襠
的右手下沉是實，右腿卻是虛；由於這種「上下相隨」，遂
將內勁調整平衡，而達到中正；這是正確的中正，雖外形似
乎不正，但內勁卻仍然是中正不偏的。

第七十四式　白猿獻果

動作一：身微左轉；同時，右拳逆纏向左收於左腰側，
左拳在左脅前逆纏，配合繞一小圈，兩手合住勁勿區。（圖
235，附圖 235 的側面圖）身體右轉，重心右移即仍向左移
回。同時，兩手逆纏，自左向前移至胸前，高與胸平；隨重
心移回左腿時，兩拳轉為裡外纏絲，合住勁。（圖 236，附
圖 236 的側面圖）

圖236

圖236附圖

動作二：以左腳跟為軸，身體左轉，右腿提起，右腳面繃平，腳尖朝下。同時，右拳轉臂順纏，自右而下隨右腿提起時旋轉上衝，高與眼平，拳心朝裡；左掌轉臂逆纏一個圈收置於左腰側。（圖237）

要點：

1.此式由「左裡逆纏和右外順纏」須無凹凸地使身體

圖237

平旋而上；兩手轉為上下逆順纏絲，將右拳纏到面前，左拳纏到腰間，須毫無缺陷地完成，這是此式的著重點。

2.此式須掌握雙合後的螺旋上升。另外，置於左腰側的左手，必須做到正確的逆纏，須從左外纏回到腰間，這也是使左腿中正立穩的關鍵。

圖 238   圖 239

第七十五式　六封四閉

動作：身體微左轉，右腳向右前邁步；同時兩拳變掌順纏翻掌分置於兩耳旁，掌心斜朝外。（接圖 19）以下同第四式「六封四閉」動作二後部的說明。（圖 20）

要點：

參看第四式「六封四閉」要點。

第七十六式　單　鞭

動作和要點：皆與第五式「單鞭」相同。（圖 21～26）

第七十七式　雀地龍

動作一：身體左轉，左腿前弓。同時兩手變拳逆纏，右拳自右而下經腹前向左上撩，拳心朝上；左拳向右合於右臂上側，拳心朝裡，兩手合住勁。（圖 238）重心右轉，身微右轉，右腿屈膝下蹲；同時，兩手右順、左逆纏，左拳自右

圖 240　　　　　　　　圖 241

臂裡側向左而下、右拳自左小臂外側向右而上分別展開，左
拳伸至左膝上，左拳心朝右上，右拳心朝右上。（圖 239）

　　動作二：身微左轉，左腿下沉仆腿，右腿繼續下蹲；左
拳前伸至左踝上側，拳心朝上，右拳微下沉；眼平視前方。
（圖 240）左腳尖外撇，身體向前而起，蹬右腿，弓左腿，
成左弓步。同時，左拳以拳面向前上方衝起，拳心朝裡；右
拳轉臂順纏下落於右胯旁。（圖 241）

　　要點：

　　1.此式與跌叉不同點，僅為不跌倒，是在右拳轉臂自上
右纏時後面的右腿不貼著地面，但須盡量下蹲；其他各部份
與跌叉要求相同。

　　2.此式與跌叉同樣，為了適合不同對象，可以改為左腿
腿肚不貼地，而盡量做到下勢（圖 239）的樣子。

　　3.此式先作雙合的卷勁，卷而後放（利用離心力），放
到極開和極低時再利用放後雙手再合的向心力，將勁運用到
右拳上，起著將身領起的作用。

圖 242　　　　　　　　　圖 243

第七十八式　上步七星

　　動作：左腳尖外撇，身體左轉，重心向前全部移於左腿，右腳前上半步，以腳尖點地。隨著身體左轉的同時，左拳順纏裡合；右拳順纏，自右而下隨右腿上步時向前經左腕外側衝起，兩拳以腕部交叉，拳心皆朝裡。隨著右腳上步以腳尖點地時，兩拳以腕部緊貼的交叉點為軸，自上而裡向下而前繞一小圈後向前變掌微挺。（圖 242～243）

　　要點：

　　1.太極拳的每個拳式，在練習時都要求一動無有不動，而每個拳式中又必有其運動的主要部份；此式則以腕部為主，對腕部有著良好的訓練。當然在其他拳式中腕部也在活動，而在此式中其他部份也在活動，這裡僅是指哪一部份為主而言。

　　2.由於太極拳要求動急則急應，動緩則緩隨，又須沾黏連隨，去掉頂匾丟抗，因而彼此運用擒拿的機會較多；此式

圖 244

圖 245

為解脫雙手被擒拿的一種轉
法。

第七十九式　退步跨虎

　　動作一：兩掌在胸前仍以
腕部緊貼的交叉點為軸，自前
而下向裡而上仍翻繞回來；同
時，隨著兩掌翻轉，隨著以左
腳跟為軸，身體右（南）轉，
右腳後退一步。（圖244）兩
臂微合，緊縮一下交叉圈後一

圖 246

震兩掌，即向左右下方分開，掌心皆朝下。（圖245）

　　動作二：重心右移，左腳向右腳靠攏，以腳尖點於右腳
旁；同時兩手右逆、左順纏，右掌自右而上向面前畫弧，左
掌自左而上向腹前畫弧，兩手上下合住勁。（圖246）身微
下蹲；同時，兩掌轉臂逆纏，右掌向右上、左掌向左下分別

圖 247　　　　　　　　圖 248

展開，右掌心斜朝右上，左掌心斜朝左下，成跨虎式。（圖247）

　　要點：

　　1.此拳套內唯一連續後退的拳式是倒捲肱，而上一步後接著後退一步的僅有退步跨虎。前式是順應要勁而向前上步，此式乃是順應給勁以退步。這是一進接一退的練法。

　　2.前式兩腕自下而裡前翻，自然地具有捌勁發出；此式翻回一個圈後突然一震，如脫銬一樣的勁，然後雙分而開，同時氣和襠勁須下沉。

第八十式　轉身雙擺蓮

　　動作一：以右腳跟為軸，身體向右後轉180度，左腳提起隨轉體向右後擺。同時，右掌隨轉體也平旋180度，逆纏橫掌於右上方，掌心朝右；左掌順纏向右後橫掃至右肘前，掌心朝右。（圖248～249）

　　動作二：左腳向前（西北）斜方落步，隨著重心左移，

圖 249　　　　　　　　圖 250

左腿屈膝下蹲，身體同時右轉；同時兩掌左逆、右順纏自右
微下落。（圖250）重心全部移於左腿，身體起立，右腳提
起，自左而上經胸前而上向右橫擺；同時兩掌左逆、右順
纏，自右向左，左掌先、右掌後橫行迎拍右腳面外側，連續
擊響兩聲，兩掌心皆朝左。（接圖214，惟方向稍異，圖中
姿勢的胸部朝南，而此式胸部應朝東北斜方）

　　要點：

　　1.凡一腿獨立、一腿提起的轉體動作，務須在轉體過程
中表現出既穩定而又一動無有不動。其關鍵在於兩臂合而後
開（合是雙順纏，轉為開時變為雙逆纏），由開勁將身體帶
轉過來，這是由於雙逆纏的對開的平衡作用而達到身體穩定
的。

　　2.另外，要獲得穩定，還須立身中正。而中立的關鍵，
又繫於頂勁虛懸；如果頂勁不虛虛懸起，稍有偏倚，就立刻
不能穩定，因頭部居身體的最高峰，上面微偏，則影響到下
面全身的傾斜度就很大。所以，太極拳一切動作都須頂勁虛

圖251　　　　　　　圖252　　　　　　　圖253

懸，這樣，不但減少頭顱下壓的重量，而且會產生糾正傾斜的功效。

第八十一式　當頭炮

動作一：外擺後的右腳，向右後（南）方落步；同時兩掌變拳，轉臂順纏下挫，即轉向前上微衝，兩拳心相對，左拳在前，右拳在後；隨沖拳左膝前弓。（圖251）

動作二：重心後移，右腿屈膝下蹲變實，左膝微屈，身體右轉；同時，兩拳轉臂順纏，自前而下向裡而上，弧形裡收於右脅旁，左拳心朝裡，右拳心朝左（圖252），重心前移，弓左腿、蹬右腿成左弓步，身微左轉；同時，兩拳轉臂順纏向前抖勁，兩肘微屈，左拳稍橫臂在前，左拳心朝裡，右拳心朝左。（圖253）

要點：

1.太極拳整個拳套是以文象始、武象終的，所以當練到當頭炮這一拳式時，就要「意氣風發」地表現出卷放蓄發四

勁，並盡其所能地將四勁發揮出來。①

2.此式須對太極勁動的方面作最後一次檢查，也就是在卷放過程中，有沒有離開太極勁的纏絲勁，蓄發時其根是否在腳，並且是否由腳根達到兩拳。

3.此式所發之勁，運用的是抖勁；抖勁是短距離的捌勁的一種。抖勁，需表現出有如在皮膚上著了火星那樣一種驚覺的勁，需由一抖而出。

第八十二式　金剛搗碓

動作一：重心後移，右腿屈膝下蹲，右腿變實，身體右轉；同時，兩手左逆、右順纏向右後方展開，掌心朝右後方，手指舒展勿軟。（接圖4，惟左腳不同，圖中左腳離地，該式左腳虛踏於地面，方向亦不同，第二式「金剛搗碓」是胸部朝南進行動作，此式是胸部朝北進行動作）

動作二：重心前移；同時兩掌仍以左逆、右順纏，向右後繼續微展下沉。（接圖5，惟南北方向相反）後同第二式「金剛搗碓」動作二圖6說明。（接圖6，惟南北方向相反）

動作三：同第二式「金剛搗碓」動作三，惟方向不同，南北相反。（圖7～8）

---

①「卷」是由大圈收縮為小圈，一般用於攦勁，表現在「走」之中，卷到纏絲盡頭，便成「蓄」勁。「放」是由小圈開展為大圈，一般用於掤勁，表現在「黏」之中，放到對方虛空處，便成發勁。

要點：

陳式第一路太極拳拳套內第一個「金剛搗碓」，表現出太極拳五對順逆纏絲寓於動作開始中；第二個「金剛搗碓」表現出第二勢的結束；第三個「金剛搗碓」表現出第五勢的結束；此式為第四個「金剛搗碓」，表現出全套的結束。其要點同第二式「金剛搗碓」要點。

第八十三式　收　勢

動作：身體起立，兩膝微屈；同時兩手逆纏分向左右兩側下垂，掌心皆朝後，恢復預備式姿勢。（接圖1）

要點：

1.在恢復到靜態姿勢時，仍須按預備式中各要點檢查一下。

2.練完後，根據自己的呼吸頻率增加的程度，就可以判斷在練習過程中「以氣運身」做得如何，呼吸調節得夠不夠標準。如果發生氣喘現象，則應檢查動作和呼吸配合得是否自然。

3.陳式第一路太極拳與第二路炮捶，假設都是以面朝南開始練習，在收勢時則都面朝北。如果將第一路或第二路連續練習兩次，或者將第一路和第二路接連練習，最後收勢就可復原為面朝南。

第三章
陳式太極拳第二路圖解

陳式太極拳第二路拳式名稱順序

陳式太極拳第二路

　　陳式太極拳第二路，即第二趟架子，俗稱「二套」，又名「炮捶」。二套開始，直做到第一個單鞭止，即從預備式、上步金剛搗碓、懶扎衣、六封四閉，到單鞭這五個動作，與第一路的完全相同。所以要重複做這五個動作，是為了先做幾個柔軟的拳式來舒展筋骨，以適應練二套的要求。因此，本章中關於第二路的動作說明，從第一個單鞭以後說起（胸向南）。單鞭以前的四個拳式動作說明，詳見第一路，此處不再重述。

　　為便於敘述，第一路太極拳圖解中的圖 1 至圖 26 及其說明在第二路圖解中就不再重複，而其中的圖 26 則列為本圖解的圖 1。關於圖解的說明，也詳見第一路圖解。

圖1

圖2 圖3

第六式　搬攔肘（胸向南）

動作：重心微右移；同時，右勾手在右側小順纏變拳，並使拳心朝上，左掌變拳自左而下逆纏至胸前；緊接著重心左移；隨重心左移時，左拳經胸前向左以拳眼橫擊發勁，右拳自右向左也以拳眼橫擊發勁，兩手左拳心朝上，右拳心朝下。（圖2）

重心右移；隨重心右移時，兩手左逆右順纏自左向右以拳眼橫擊發勁，左拳心朝下，右拳心朝上。（圖3）

要點：

此式有左右兩次發勁，須緊接著做。自單鞭過渡到向左發勁，須先將重心微右移，然後發勁，以達到蓄而後發的要求。發勁時，重心的移動與兩拳發勁須一致，以求得勁整。

第七式　護心捶（胸向東北）

動作：重心全部移於右腿，左腳提起，身體左轉，右腳

圖4　　　　　　　　圖5　　　　　　　　圖6

蹬地躍起，隨即左腳落地，右腳也跟著向左前（東南）斜方落步。隨著轉體的同時，左拳逆纏向右裡微上提，即隨轉體向左後下方弧形順纏至左腰側，拳心斜朝右上；右拳先逆後順纏隨轉體自右而上經右額前側向左，隨右腳落步的同時下擊。（圖4）

左拳順纏向左舉至高與肩平，右拳順纏裡收。（圖5）左拳自左而前經右拳外側向下向裡，右拳自裡向外，兩拳在胸前交叉而過；隨即兩手順纏，左拳裡收，右拳以近腕部的拳背向前掤出；同時重心下沉。（圖6）

要點：

太極拳動作，凡要放大其圈，必先縮小其圈；這是為了加強掤勁，使在「氣貼脊背」條件下，將內勁貫串而達於掌根。當雙手在胸前作裡外左右雙逆纏絲的放開時，即形成右前左後的合勁作用；最後，如∞字，使兩圈會合於胸前以護住心口；同時漸次縮小其圈，形成蓄勁如開弓，以加強掤勁。

圖7　　　　　　　圖8　　　　　　　圖9

第八式　拗步斜行（胸向東轉東南）

在上式雙拳護住胸部之後，雙拳放開為掌，並做右順左逆的纏絲，相合於胸前。此時右手在上，左手在下，右掌心向左，左掌心向上。接著仍做右順左逆的雙分。（圖7、8、9）然後，再雙合於胸前，但此時右手已轉下，左手已轉上，掌心均向下。接著右手又轉上，左手則轉左，同時身法提高，左腿提起，左腿獨立，雙掌合住勁。（圖10）待再轉為開勁時，使右足落地一震腳而變為實。接著左足向東北邁轉一步，右掌順纏由前向右下沉。同時，左掌逆纏向右上作弧轉；轉到左掌向左開時，右掌適在右順纏向上到右耳邊。這時左腿為實，乃是起勢。接著右掌在右耳邊轉半個圈再向右前逆纏放開；同時，左掌微向右逆纏後，即向左順纏地開放，成為雙開勁。此時，胸向南。（圖11）

要點：

此式當右足落地時，是右手開，左手合；等到左手轉向

圖10　　　　　　　圖11　　　　　　　圖12

左外開時，右手又轉到右耳邊為合。由於左合右開和左開右
合，促使內氣盤旋地下沉；最後，在完成此式時，左右兩掌
同時在雙逆纏之下雙開起來；等開到頭時，又以雙順纏雙合
起來。在雙合時，雙手的手指須向上豎起；同時，雙肘的內
勁亦須一合。

接著，立即氣沉丹田，重心也同時轉到右足。此式由於
開合變換，配合震腳和左顧右盼的旋轉，導致氣不得不下
行，是一種行功練氣下沉的基本功夫，也是最易使人感覺到
最後氣沉丹田的一種拳式。

第九式　煞腰壓肘拳（胸向東南）

動作：在上式斜形的兩掌分開之後，右方的右掌用順
纏，當轉往上時，將掌變拳置於右膝的上方。同時，左掌在
左用小上順纏成拳與右拳遙相對於左上方合住勁。襠口下
沉，形成低的圓襠；足從左實變為右實，此時胸向南。（圖
12）

圖13   圖14

第十式　井攬眞入（胸向北）

動作：左足提起向右方作180°邁出，使胸轉向北。左拳變掌，並隨著左足由上斜向胸前下方一個按勁，勁在掌根。同時右拳順纏，亦在下沉時變掌，翻轉掌心向上使近腰左。旋轉時以腰脊作中軸。此時右足為實。（圖13）

第十一式　風掃梅花（胸向南）

動作：在完成左手由上而下按的180°後，接著由右手接替左手的掙脫勁，以順纏從下而後上採地轉180°；至右上方時，又轉為逆纏的開。同時，左手在下逆纏向左下方分開，形成雙開勁。此時，左足為實，並作為旋轉中軸；右足隨身右轉而橫邁於左足的西邊。最後形成如圖14的姿勢。此時雙手皆已變為雙逆纏。

要點：

以上三個拳式的作用，主要在於第八式雙開中右掌：假

定已被採拿，因此先在一小順纏將掌變拳的同時，就順著採的要勁，轉而下按地轉過身來。這是用連隨以求解脫的基礎。在轉身時，同時用左掌的下按勁和右掌的上提勁，使左右兩手上下一震抖，以達到解脫的目的。

圖 15

在這樣大轉身的過程中，必須使勁沉著地旋轉，方法是不許平旋，而須使旋轉從上而下（按合時），再從下而上（掤開時），以期在沉著中達到連續的解脫作用。這種大轉身的纏絲，最易使人產生「缺陷」、「凹凸」和「斷續」的現象。因此，若要避免上述缺點，其要點是在兩膊相繫之下的掤住勁，同時運用腰脊作中軸，使能掤著旋轉，產生活如風車的旋轉慣力。在旋轉過程中，先向後下180°一按合勁，以加強其沉著性；同時不停地再向後上180°一掤開勁，最後完成360°的大轉身。

在勁別運用上，上半圓是以左手為主而旋轉的合勁；下半圓是以右手為主而旋轉的開勁。這樣使內勁不斷地外顯而達到弓背，也不致再產生缺陷等缺點。

第十二式　金剛搗碓（胸向南）

動作：上式完成時，用的是左右雙逆纏的雙開勁。此式乃是由左右雙逆纏的開勁轉為左右雙順纏的合勁，使氣注小指。此時左足為實。（圖15）

圖16

合後又轉為上下逆纏的雙分勁，當達到右上左下的終點時，右掌一轉而變為拳，再由上順纏而下；同時左掌逆纏至小腹前，掌心向上，最後是使右拳落到左掌心內的一合勁；同時在左足為實時，右足提起震腳於地。（圖16）

要點：

在做完360°大轉身後，內氣要像車輪向四周動蕩，而後再下落到丹田之內，並加以搗實，這是此式的主要作用。它由左右的相開相合轉為上下的相開相合並震腳時，可使氣更加搗實於丹田內。這種震腳可輕可重，主要以能運用意氣下達為主，並不在震腳的輕重。因此，除了用檢驗震腳的聲音以測定勁的整與不整外，還須看能否做到動靜相合的功夫，以達到一靜無有不靜。

第十三式　庇身捶（胸向南）

動作：從上式之後的一合勁做起，雙手皆向下左右逆纏的分開；在雙開的同時，右腿向右橫邁半步；開後再合，此

圖17　　　　　　　　　　圖18

時雙手由下向前上繼續逆纏,最後把左手放在右手外方,合
於胸前,形成開胯圓襠,左足為虛。(圖17)

　　這種由合而開,開後再合,是緊湊的小開小合。接著右
掌向右後轉向外方逆纏成拳,左拳向左下逆纏亦成拳。雙分
後,右拳從下向右上逆纏,再從頭前而過。回轉左方。當左
拳逆纏到左胯間時,右拳突然撇身而回,向右上方發出肘
勁;重心移右,右腿轉實,全身隨著向右下沉,襠亦隨之放
低。(圖18)

　　要點:

　　在含胸拔背之下,由雙逆纏絲緊縮其圈以加強雙臂掤勁
內的彈性,能起一種披身環形的蓄勁作用。它主要是練右手
和腰脊,由大圈轉為小圈,以加強蓄功(內中同時具有向右
的肩靠勁);最後,由一小圈進為無圈,將勁貫串到肘尖上
去。因此,它是一個緊湊運動的拳式,要求在雙逆纏絲的相
合下,繼續以雙逆纏絲纏轉過去。在纏轉過程中,必須做到
內勁無缺陷和無斷續。故其要點在於運用腰脊作中軸;當右

圖19　　　　　　　　　圖20

手以逆纏開始而轉到面前再逆纏一大圈時，需表現得節節貫串。當再由逆纏轉到順纏並突然又一轉為逆纏向外右上方發出肘勁時，要求看得出勁起於足跟而形於肘尖。

第十四式　撇身捶（胸向南轉東南）

　　動作：在上式左拳置於胯間發出右肘勁時，假定置於胯間的左拳突然被採，則這時就順著採的要勁，先以右順左逆的一小圈，身軀略向右轉，右腳為實，接著即以左順右逆的翻轉拳背，以捌勁向左側反擊出去。同時，右手以小逆纏向著右後方放勁，以保持平衡（這是雙開發勁）。但發勁須專主一方，本式以左方為主，右方為賓，故右拳屬於放勁，而左拳則為發勁。同時，在發出時右腿為實，胸向東南。（圖19）

　　要點：

　　當左纏到左胯間而左臂又被採時，為了不丟不頂，適應採的要勁，應順著對方要勁的方向，向左方用捌勁擊出。這

是直截了當、以求解脫的著法。因此，本式以左拳反擊為主，但擊出的根源卻在順纏旋轉於右上的右拳，通過它再將內勁纏絲式地貫注到左臂中去。

第十五式　斬手（胸東南轉北）

動作：此式假定在上一式「撇身捶」的著擊中沒有得到解脫，就再順著要勁的方向跨上右步；右手以順纏自右後向上隨身翻轉過來，並相合於左手之上；在被採的左手突然上提的同時，右掌緣如刀下斬，形成左上右下的雙開削竹勢，並輔以右足下沉的震腳。這是跨上右步，使雙手處於自己的方圓圈內，是兩手一足同時並用的著擊掙脫方法。此時，胸已轉北。（圖20）

要點：

這是二次解脫左手被採的方法。採勁中最常用的方法是迫使對方不易連隨的向下壓迫的採，使被採者不得不趨於跪勢，因而不得不採取手領身的上步，以加速「右斬」、「左提」和「震腳」三者齊施的解脫方法。

因此，在右手不斷勁的要求下，用小順纏的旋轉以上右步，使被採的左手處於自己的方圓圈內；這是以輕制重的基本方法。上步前和上步後以及下斬時，尾閭均須正中，切不可因下擊而使尾閭前倒。

第十六式　翻花舞袖（胸向北轉南，再轉東北）

動作：假定二次解脫還未成功，也就是在上提下斬之下還不能將對方採手斬掉，就要以身軀的翻轉勁作進一步的解脫，也就是順著對方向上抗拒的斬勁，突然躍起；左手逆纏

上提繞過頭頂，並翻過身來。這是自下而上的大轉身。翻的慣性力由左手領導。此時，右手亦用逆纏由下而上加以輔助，並用雙開勁躍起身軀和轉過面來。同時，左腳上提，並帶動右足亦隨之上躍。這一動作包括有雙臂及肩靠勁來解脫被採之手。（圖 21，此圖是躍起轉面的一瞬間）

圖 21

接著，在繼續自上而下的旋轉過程中，當左手在左側由逆纏轉為順纏向下，則左足同時落地一震腳。這是左手和左足同時進行的動作。當左足落地而右足上步向前右，右掌則同時逆纏從後上轉為順纏，並向前下用掌緣砍下（砍時與劈架子的砍勁一樣）。同時，左手成拳順纏向左後方為賓地擊出。此時左足為實。（圖 22，此圖是旋轉身軀落地一砍時的姿勢）

　　要點：

上式斬手解脫法的特點是雙方手臂都在面前，力的作用點對雙方的距離皆相等，而本式「翻花舞袖」的轉身則運用了身法及腰脊的旋轉作用，使力作用點的距離突然形成懸殊的對比（自己近，對方遠）。也就是說，使解脫點離對方遠，離自己近。這種一近一遠的關係，形成力矩大小的變換。轉身後兩足是左足先落地震腳，右足稍後落地，這樣，就加強了腰軸旋轉的慣性力，因而也加強了右手的下砍勁，

圖22　　　　　　　　　　　圖23

是求解脫的又一方法的關鍵所在。

　　這種解脫是以右掌緣的下砍來接替右手順纏翻轉時的旋轉慣力的。同時，下砍時須鬆開且有彈性，這樣才能促使下一式能輕靈躍起。這種解脫也是以輕制重的又一範例，是一著兩用的具體表現，也就是說，解中寓擊，擊中寓解的雙用法。所以此式主要在一手解脫，另一手順著旋轉而下砍。

第十七式　掩手肱拳（胸向東北轉東）

　　動作：這是以練習蓄勁與發勁為主的拳式，在第二路架子內，凡是在特殊拳式之後，多是用它來聯繫起來。這是第二路拳的第一個掩手肱拳。它藉著上一式那一下砍的彈性勁，雙手以雙順躍起身軀，並調換左右腿的前後位置，接著右足落地一震腳為實，左足邁步上前為虛。同時，以雙逆纏將全身的勁曲蓄起來，縮小雙臂的環形圈來加強蓄勁。此時，左手在上，右手在下；右足虛而左足實。（圖23）

　　接著，下半節是發勁。發之先，右手先做逆纏小圈置於

腰際，拳心向上；同時左手相對
地逆纏，拳心向下，這是左蓄
勁。當右手在右腰際時，右手下
沉其勁，並在沉著之中仍以逆纏
用突發之勢將勁向前發出。此
時，拳心向下。同時，左手相對
地轉為逆纏，將拳向後放勁以收
回，並置於右腰際。拳心向下。
蓄勁時，右足為實；發勁時，左
足為實。（圖24）

圖 24

要點：

此式是第二趟架子中運用最多（六次）的拳式，其要點
在於加強練習「蓄勁如開弓」的勁。它是由含胸拔背作領
導，使兩臂具有 6 字形的合住勁。在練習發勁時，要有將物
掀起而下挫的發勁。因此，上半節須如開弓以加強彈性，下
半節更須有如放箭深入箭靶之中的鑽勁。這是使勁發得長遠
的具體表現。為此，發勁之先要有下沉的小圈，乃使牽動的
蓄勁與發勁兩者合一，不可單用沒有牽動的直線蓄發勁。

第十八式　飛步拗鸞肘（胸向東轉北，再轉南）

動作： 在上式「掩手肱拳」的發勁後，雙拳在原位一小
逆纏，前後合住勁；當右拳逆纏向前、左拳逆纏向後為開
時，右腳隨之提起，並向前飛步躍進，落地為實。同時，以
右足作旋轉中軸，使左足畫弧超過右足，置於右足的東側，
使身騰空轉動 270°。（圖25）

這是假定上式「掩手肱捶」在右手發出勁後被人所採，

圖 25 　　　　　　　圖 26

不及收回而採取的拳式。對方是順著發的方向要勁的，為此，就不得不連隨，以適應於人，用飛步順應要勁。在順應飛步的過程中，向左自然地翻轉身來，用背折靠勁來解脫被採的右手，有類於一路的「玉女穿梭」各式，同樣是躍步，但手法不同。（圖 26）

圖 27

　在轉過 270° 大轉身後，假定大轉身的背折靠勁仍不能解脫被採的右手，則在轉身後，雙手以雙逆纏聯合為一，左掌心壓在對方的採手上，使雙臂形成一橫向的環形，並以右肘勁前擊。這是最後的一著兩用，是解脫，也是進擊。轉身後，右腳實；發肘勁時，左腳實。最後形成的拗鸞肘如圖 27。

要點：

這是最後用背折靠勁以解脫被採右手的方法。因為旋轉身軀的關係，又可使力作用點的距離突然形成對己有利的懸殊對比，以達到以輕制重，是不求解脫而自脫的拳式與著擊。同時，此式不同於前幾式的是把左掌壓在右肘間，並以背肘聯合橫擊對方。

這是一種壓住對方來採的小臂，以固定對方的採點，不使之變換，並把人橫摔出去的一種特殊拳式。因此，同樣是一著兩用。它的要點在於飛步而出之後仍能立身中正地落地。尤須注意的是發出之後，仍須雙臂曲蓄有餘，而不是十足伸直其手。因此須運用飛步而出以適合要勁。這是一連串解脫動作中最後解脫的方法，也就是第二套架子練習採捌和解脫採捌的舉例。此式雖以肘勁前擊，但其根仍在右側的背折靠勁。為此，其要領須在立身中正的基礎上，方可得到肘靠併用的統一。

第十九式　運手（前三，胸向南）

動作：雙手同時往左，再同時往右，然後再往左運動，成為三個運手，與第一路運用稍異。在前式拗鸞肘的合勁後，重心全部移於左腿，右腳向前併步，以腳尖點於左腳旁；同時，左掌逆纏向左運轉，右拳變掌順纏左運。（圖28）接著重心右移，右腳踏實，左腳跟先離地提起；同時，雙手右逆、左順纏，右掌經面前，左掌經腹前向右運轉。（圖29）接著左腳向左橫開半步，重心逐漸左移，左腳踏實，右腳變虛；同時，雙手左逆、右順纏，左掌經面前，右掌經腹前向左運轉。（圖30）

圖28

圖29

要點：

此式要在曲線緩和的運動下作左順右逆和右順左逆的纏絲變換，並在不動步的條件下提腿和放腿，充分表現出手腳上下相隨的虛實劃分的要求，這也是此式的基本要求。第二趟架子經過了前幾個跳躍吃力的拳式，到此可以調整一下呼吸運動。所以雙手在這種∞字

圖30

形的動作中，對運動的速度是可緩、可快的，是第二趟架子自然分段的地方。

第二十式　高探馬（胸向西）

動作：做了前三個運手後，以左腳跟為軸，身體右轉，右腳跟離地；同時，雙手右逆、左順纏，右掌經面前、左掌

圖 31　　　　　　　　　　圖 32

經腹前向右運轉，當左掌運轉至身右時，手心朝上。（圖
31）接著右腳提起，身體繼續微右轉；同時，右掌順纏經左
掌下側裡收，掌心朝上，左手逆纏經右掌上側前推，掌心朝
外面下方。（圖32）

第二十一式　運手（後三）

動作：做了高探馬後，接著雙手以右逆左順把右手轉向
右前，而左手轉向胸前。在此雙手轉換的同時，全身以左足
為旋轉中軸轉 90°。同時，右足落地一震腳而變為實，左腳
向左橫開一步，先以腳跟著地。（圖33）

重心移於左腿，左腳踏實，右腳向左併半步，以腳尖先
點地；同時，雙手左逆、右順纏，左掌經面前、右掌經腹
前向左運轉。（圖34）接著右腳踏實，左腳向左橫開半
步；同時，雙手右逆、左順纏，右掌經面前、左掌經腹前向
右運轉。（圖35）

要點：

第二趟架子中有前三個和後三個運手，前三個胸向南；

圖33　　　　　　　　　　圖34

後三個胸向北，動作的基本要
求和作用皆相同，不再重述。
因此，本式要點也不再說及運
手動作本身，而只講由正面提
腿做高探馬後轉向背面的一
轉。

　　此動作要求在曲線緩和、
纏絲不斷和內勁貫串中轉過身
去，因此，必須做好在轉身過
程中收回左手在胸前逆纏的一

圖35

個小圈。通過這一逆纏以挪轉身軀，可將身軀及纏絲懸空地
變換過來。這樣，不但可使內勁不斷，還能把內勁貫串到下
一個動作內去。所以，本式也是練習節節貫串的一個難度較
高的動作。

　　為了容易做好轉過身來，陳發科到了北京以後，為了使
陳式太極拳大眾化，在這一轉中加入雲手及高探馬兩個拳
式。這樣就沒有了空中急轉而貫串的要求，就容易做了。

圖36   圖37

第二十二式　高探馬（胸向北轉西北）

動作：在上式的右轉肱掌以後，當身再向左轉時，雙手先雙順地雙合起來，使雙手在胸前交叉而過，再雙逆地雙開起來。合時左腳為實。（圖36）開時右腳為實。（圖37）

這是一個聯繫下一式的拳式，與第一趟中的「白鶴晾翅」是一樣的勁，不過雙手高低比較分得平些，雙腿跨得大些，要表現出圓襠。

要點：

這是一個由雙順而合，再由雙逆而開展的拳式，要求在合後轉開的過程中沒有棱角和凹凸，使纏絲勁運到弓背上。同時，要求在擴大而開展的姿勢下，節節貫串地加強彈性鍛鍊，以提高掤勁。合時應注意雙手大指，並以左手指為主；開時則應注意雙手小指，並以右手指為主。

第二十三式　連珠炮（一）（胸向西北轉西）

動作：從上式的開勁到此式的合勁，是由雙逆纏而合。

圖 38　　　　　　　　　圖 39

此時，右手逆纏到胸右，掌心向左外；左手逆纏到胸前，掌心向右外，雙手在胸前一合勁。此時左足實，右足虛。接著，雙手順纏前掤，同時變右足為實，當雙手轉雙順而下時，左足後退一步，重心亦立即移左，坐左腿為實。在雙手下塌時，形成全身蓄勁之勢。（圖38）

接著，雙手又轉雙逆纏向前上方卷蓄起來，變右足為實。然後雙手又立即由前向左後順纏而下。當雙手下塌時，又變左足為實。這是在前一蓄勁的基礎上再加一蓄。最後以雙逆纏發出捌勁。此時，右掌心向外，左掌心向下。在發勁的同時，右足向前邁進半步，左足亦隨之跟進半步，足跟鏟地有聲。（圖38、39）

這是第一個連珠炮動作，本式共有三個連珠炮動作。

要點：

本式適合於太極拳進入人圈內活動的開門手法。它的特點是以主動旋轉雙手作為進入人圈的拳式。它的手法猶如推動水磨一般，以左手的旋轉於內來防禦胸口，以右手的旋轉於外向前攻取。兩手這樣內外結合起來，不斷地用左手加水

料，用右手轉動石磨地運動。同時，雙足以跟步的步法跟進。雖然不去求沾對方，但只要旋轉攻取的右臂某一部觸及對方某一點時，就可在觸及處作為沾點，連隨地黏著而變化萬千。此式採用了「以身進退」和靈活變換的中正身法，在客觀上需要應變和轉換時，都有裕餘，並足以支撐八面。

其次，因為上式是展翅的雙開，因此本式首先須將它卷蓄起來。這是為了蓄而後發。同時，為了發得更脆，在發勁前再縮小一圈，以進一步加強它的彈性，然後沉著的發出勁去。發勁時，雖然右足為實，但為了「中土不離位」的中正關係，前足的實與後足的虛要求相差不大，以便可以迅速旋轉著向前邁進。

第二十四式　連珠炮（二）（胸向西）

第二十五式　連珠炮（三）（胸向西）

動作：在接做第二個和第三個連珠炮時，右手由前上順纏向胸前，左手由左後下順纏與右手合於胸前。此時，坐左腿又形成全身蓄勁。（圖40）以後由圖40到圖41的動作，與第一個連珠炮同。（即相同於圖38到圖39的動作）

這個拳式可以根據練習者的需要，接連多做幾個或者提出專練，它的動作與前幾個連珠炮同。但為了使整趟架子在結束時仍回復到原地，所以當

圖40

圖 41　　　　　　　圖 42

此式多做了幾個以後，則後面的「白蛇吐信」也要同樣多做幾個，使做這兩個拳式的次數相等。其它要點與第一個「連珠炮」相同。

第二十六式　倒騎麟（胸向西轉東）

　　動作：在上式連珠炮的三次上步後，兩掌相互雙合；先將左掌逆纏轉向胸前，掌指豎起，掌心向右。同時，右掌逆纏轉護在左小臂之外，重心前移，右腿為實。（圖42）

　　接著，右手逆纏向右後上，左手逆纏向左前下；同時提起左足，雙手分開，以右足為轉動軸心，向右轉180°。（圖43）

　　轉身向東；當轉到東時，由開而合將身軀帶轉過來。此時右

圖 43

圖44   圖45

手在右下，掌心向下；左手在左上，掌指豎起。此時，左腳隨轉體轉過來後仍提起。（圖44）

　　要點：

　　以右腳為軸，左腳隨轉體跨過來時，上體仍不可前俯或後仰。由於左腳隨身體向右後轉180°而反跨過來，所以取其倒跨之意，稱名為「倒騎麟」。

第二十七式　白蛇吐信（一）（胸向東）

　　動作：在上式左腳倒跨過來後，緊接著以右手向前順纏為主的一小圈，用指的捌勁擊出。同時，左手在後仍以逆纏配合右手向左後一齊發勁。此時，左足前邁半步落地為實，右足立即跟進，鑕地有聲，完成第一個白蛇吐信的捌發勁。（圖45）這個拳式是人們不常有的拗步動作，要費些功夫才能純熟得勁，或者提出來專練。

　　要點：

　　此式同樣可以作一種開門手法，為拗步進入人圈的方

式；都是以身進退，不許有俯仰傾斜的身法，避免在人圈內產生僅能支撐一面的毛病。為了能做到縱橫前後靈活變換，在這一拳式內的虛實劃分與「連珠炮」相同：亦要求小虛小實①，以便進圈後，觸及任何部份，就能得到順遂的沾黏作用，所不同者在於前式連珠炮是順步，此式「白蛇吐信」是拗步（有時為了簡化易做，有人把第二個「白蛇吐信」改做「掩手肱捶」，以後再做第三個「白蛇吐信」，這就比較容易做得多了）。

練習拗步前邁時，起初會有些憋扭，因此必須多加練習。同時，這一拳式是短距離的蓄發，所以必須含胸拔背，由脊椎帶頭，做到節節貫串和勁由脊發。這是全趟架子勁由脊發的代表性動作。如僅由兩個手臂表現彎直的發出是不合要求的。若能提出專練則更好。

第二十八式　白蛇吐信（二）（胸向東）

第二十九式　白蛇吐信（三）（胸向東）

動作：上式「白蛇吐信」的蓄勁是由「倒騎麟」合勢分轉後再一合勁來完成的。而這個「白蛇吐信」的蓄勁，則是在「白蛇吐信」的發勁之後進行蓄勁的。這是兩個「白蛇吐信」的不同點。開始時，右手在前以順纏蓄至胸前，掌心向

---

①小虛小實，乃是指雙腿的荷重分配比例：假定兩腿荷重共計100斤，一腿是55斤，另一腿是45斤，這樣只要微微動一下，就可以很快將虛實變換過來；所以功夫深者的虛實差別小，外顯的圈兒也小。

圖 46　　　　　　　　　　圖 47

左。同時，左手在左，以逆纏轉到左脅側。蓄時雙臂合住
勁，重心後移，右足為實，左足尖點地為虛。（圖46）

　　接著，右掌在前順纏為主的一小圈，用指的捌勁擊出。
同時，左掌在後，以逆纏配合右掌一齊發勁。此時，左腳前
邁半步，落地為實，右足立即跟進，鏟地有聲，完成第二個
「白蛇吐信」。（圖47）此式亦可根據練習者的需要，多
做幾個與「連珠炮」次數相同的白蛇吐信。

　　要點：同第一個白蛇吐信。

第三十式　海底翻花（胸向東轉西）

　　動作：這是一個特殊的拳式。在上式右手向前發出捌勁
後，即與後面的左手雙順纏的交叉而合。合後以右順左逆的
雙開勁把身向右旋轉180°。此時重心移在左足，形成獨立的
姿勢。在轉向西面過程中，左右手成拳，右拳以拳背向下後
擊發，拳心向前。左拳向上後擊發，拳心向右。（圖48，
自圖48起直至最後一圖止，由於從前為陳發科老師攝影時

圖 48　　　　　　　　　圖 49

都拍了動作反面的照，因此後面所有的圖照，以面朝讀者為
向北，背朝讀者為向南，面朝讀者左面為向東，面朝讀者右
面為向西，後面不再重述）。

要點：

這一拳式以運動肘關節為主。左拳向後上和右拳向後下
的上下擊發，是少有的向後方的發勁，因此它的要點在於上
下向後發勁時要求保持身軀的平衡。

第三十一式　掩手肱捶（胸向西）

動作：在上式提起右腿，雙拳在上下分別向後側擊發
後，右拳以順纏微上提後，再以順纏下沉，拳背向下，右腳
同時震腳於地。同時，左拳配合右拳以逆纏微下沉後即上
舉，全身重心全在右腿的一震上。待右拳順纏到拳心又向
上，並加一下沉勁後，再轉為逆纏時將勁發出。發出之手，
仍須留有裕餘，不可十足伸直。同時，逆纏上舉的左拳一轉
為順纏向後為賓的發出，以保持有主賓的雙發。（圖49）

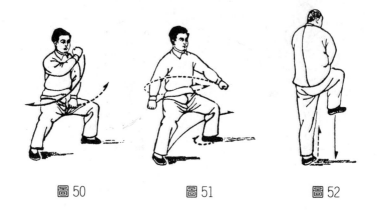

圖 50   圖 51   圖 52

要點：同第十七式「掩手肱捶」。

第三十二式　轉身六合（胸向西由北轉南）

動作：由上式「掩手肱捶」的開，將在前發勁的右手順纏地收於左肩前；同時，左手逆纏伸於襠前。同時重心右移，身體右轉。（圖50）然後接著兩拳向左右分開。（圖51）接著重心全部移於左腿，以左腳跟為軸，右腳提起，身體向右後轉；同時，雙拳合攏交叉於腹前，右拳在裡，雙拳心皆朝裡。（圖52）

第三十三式　左裏鞭炮（一）

接著右足落地震腳。（圖53）同時左足向左橫邁一步；雙手轉雙順，向左右兩外側並微向後的發出挒勁。此時，拳心向前上，發時左手左足為主。這是裏鞭（變）中的變勢。（圖54）

圖53　　　　　　　　圖54

要點：

含胸拔背意為脊背上下繃緊。此式由於裹的關係，脊背上下左右四面皆繃緊，是練習力由脊發的又一特殊拳式，也是第二趟架子練橫行步法的拳式。這是一種群戰式的步法。當腿與臂交叉時為「裹」，是腿的蓄勁。當將兩腿分開為「鞭」時，是腿的放勁，能使人練成輕身橫躍的功夫。

此式的要點是在發之先，要緊緊裹一下，使氣更向下沉，然後才能很脆地左右發出勁去，表現出具有堅剛的彈性。這樣連蓄連發兩次。同時，當雙手由順纏的雙開轉逆纏的雙合為「裹」時，正是全身緊裹，氣貼脊背，形成十足蓄勁之時；一經落地震腳，即刻就是「鞭」的左右發勁。

第三十四式　左裹鞭炮（二）（胸向南）

動作：在「轉身六合」和前式「裹鞭炮」左右發勁後，雙拳復轉雙逆，重心先右移，使右足為實，然後再使雙拳合於小腹前，重心左移；同時將右足提起，下落在左足的左

圖 55   圖 56

邊，使雙拳雙足交叉的裏起來。這又是一「裏」。（圖
55）此時雙臂裏緊，具有下沉勁，脊背亦須繃緊。接著將雙
拳轉雙順，向左右兩外側並微向後發出挒勁，同時左足向左
橫邁一步，這又是一「鞭」。（圖56）此式亦可根據需
要，連纏多做幾個，動作與左裏鞭炮（二）同。

　　要點：

　　這是一個既是「走」，又是「攻」的群戰拳式。它的要
點在橫躍下落時要表現得沉著不浮；同時在一裏一變過程
中，不得斷勁，以適應群戰無空隙可尋的要求。所以，在第
一個裏鞭的雙開發勁後的連接點上要做出一折迭，使內勁能
曲線緩和地接到第二個裏鞭中去。

圖57　　　　　　　　圖58

第三十五式　右裏鞭炮（一）（胸向南轉北）

動作：上式第二個裏鞭的雙順發勁是雙開勁；開後再向外下一雙沉勁，雙拳均改為雙逆纏地卷蓄起來，並合於小腹前，拳背相對；同時，以左足為旋轉中軸，提起右足，利用雙拳的雙合勁，左臂圈小，右臂圈大。把身向左邊帶轉180°，左足以足掌貼地隨轉體掃轉半圈。（圖57）此時，雙拳亦轉為雙順向左右兩側，並微向後發出挒勁。發時左手、左足為主，形成轉身後第一個裏鞭。（圖58）

要點：

它是以左足作為旋轉中軸，用蓄勁的「裏」勢來挪轉身軀。左足隨轉體橫掃半圈，在這一過程中仍要保持身體的平穩，這是轉身後一「鞭」的發勁脆與不脆的重要條件。其餘要點與前兩個裏鞭同。

圖59　　　　　圖60　　　　　圖61

第三十六式　右裹鞭炮（二）（胸向北）

動作：這個拳式與轉身前的第二個裹鞭同，唯胸已轉向北面。（圖59、60、61）

要點：同第三十四式。

第三十七式　獸頭勢（胸向南轉東北）

動作：在上式裹鞭雙開的發勁之後，右足向右後與左足相平作同寬度的弧轉90°。然後左足向左後挪轉半步，轉過身軀。同時，上部以右拳順纏由外而內地畫弧，轉到左肘之下，拳心向內。左拳逆纏，由外下而內上地豎起，拳心向右，形成雙合之勢。其時，右足實。（圖62）接著將豎起的左臂，再順纏向左橫墜，從右向左後為賓地一放勁，同時左足向左後退步，仍以右腿為實，以配合轉在肘下的右手向前橫臂，以順纏發出橫臂的肘勁。（圖63）

圖62　　　　　　　　　　圖63

要點：

此式開始時豎起左臂，橫著右捶，形成蓄勁的姿勢，要求將身手內掤勁貫足。右足弧轉半圈的卸步向右後，能促使掤勁貫足。這是「退即是進」、「守即是攻」的作用。因為當豎起的左臂一經橫塌後，形成掤合勁的加強，右臂立時超越左臂上面而發出肘勁，即所謂出其不意，攻其無備，使對方不易防禦。這種以橫著的小臂發出肘勁的拳式，除後面「奪二肱」同為練習掤發勁的拳式外，第二趟架式中再無其他練掤發勁的拳式，因此須仔細練習。（據云這是由戚繼光拳式中選出的）

第三十八式　劈架子（胸向東北）

動作：此式在「獸頭勢」掤發勁之後，右拳向下再轉上地一小順纏。同時，左拳向上再轉下地一小逆纏。當相對的轉動到左拳在下、右拳在上成為一條垂直線時，將右足躍起；同時，左足向前邁出一步。這時雙拳均變為掌，緊緊交

圖64

圖65

叉地雙合起來，並使襠圓而下
沉，內藏近距離的肩靠勁。此
時左足為實。（圖65）

上一動作是在蓄勁之中發
出左肩靠勁的；不須再蓄勁，
只要將前式蓄勁放開，就是發
勁；是用左手向上外順纏發出
的，是太極拳中唯一的上擊
勁。擊中的目標是人之下頷。
此式是用捶或用掌兩者俱可的

圖66

拳式，也是右手向下內為賓的逆纏後擊法。（圖66）

要點：

這是在上式掤發勁之後轉為蓄勁，並在蓄勁中寓有放勁
的拳式。在雙手交叉橫邁半步時，右手在上向左上的撲面掌
的捌勁和左肩向左外的肩靠勁要同時併用。兩勁僅有一靠
勁，一明一暗，一真一虛，為此式的特點。因為凡用肩靠勁

發出時，頭部最易被人所制。所以此式在七寸近距之內，同時用撲面掌有前擊形勢，因此對頭部不但有保護作用，而且亦補助了肩靠勁的不足。

在蓄勢蓄勁之中使用靠勁，要有安穩的中正勁；如靠勁落空，靠之一邊，肘擊手捌均已蓄而待發，隨時皆可補救其不及。

圖66是運用隅手為主的手法之一。它在掤發勁、掌捌勁和肩靠勁之後，再加上獨一的上擊勁。這是連珠式的擊發勁，目的是擊中對方而不在發出對方。但是擊中對方下頜，同樣有使對方跌倒的可能。

這是太極拳手法中的一個特殊擊法。同時，由於前一拳式對雙手雙足都已蓄勁十足，因此這式的上擊，其要點在於一沉其勁當中能更加高度地集中其勁，這樣才能使向上擊發的動作表現出堅剛而沉著的內勁。

第三十九式　翻花舞袖（胸向東南轉東北）

動作：此為繼上式雙分其勁的上擊之後，一變為下沉的身法。動作之前，須再加一沉著的彈性勁，並由頂勁帶頭領起身軀。這是「意欲向上，必先寓下」的要求。因此，在由後下轉為前上的神氣鼓蕩的配合下，帶動右手由後下逆纏向前上。同時，左手在前做順纏小圈，配合右手合住勁。

接著，右手仍以逆纏由前上向前下用掌緣下砍，如同用斧砍柴一樣。砍時全身須鬆開，要用彈性勁；同時，左手向左後方為賓地一擊。當雙手向後右側時，提起左足；當雙手到達上前時，左足落地為實；同時右足向前邁出一步。右手下砍時為實，右足為虛。（圖67）

圖67　　　　　　　　　　　圖68

要點：

此式也是從戚繼光拳式內選出來的，它與前式不同；前式為由下上擊，而此式為由上下砍。為了做好下砍，首先須合住勁於胸前，然後聯合身手的內勁，並在轉圈後下砍。此時，要求手足協調，並在得勢得勁之下表現出堅剛的一砍。因此，雙手須在轉過一大圈後，方始下砍；猶如拿著大鎚轉個圈後打鐵一樣。這是第二趟架子唯一轉圈下砍的拳式。在擊發下砍時，身軀必須中正不偏，且具有彈性的鬆開，這是利用轉一圈的慣性力以加強下砍勁的具體表現；要做到使兩手和兩腿同時併用，以達到極其協調的要求。

第四十式　掩手肱捶（胸向東北轉東）

動作：此式連接在「翻花舞袖」之後，與前「掩手肱捶」不同：此式須由頂勁帶頭領起身軀，將右腿提起，落在左腿平行的地點上震腳為實；同時，將左腿向前伸出一步為虛。此式要求在躍起時前後腿掉換位置。當身軀領起時，右

手順纏與左手逆纏地雙合起來，在右腿落地的同時，雙手以雙逆纏分開，再轉蓄起。此時右手改掌為拳，放在右腰側，並在一沉其勁之下以右拳為主發出勁去。此時，左手以逆纏向後為賓地放勁。（圖68）

要點：

在做「翻花舞袖」拳式內的下砍時，是鬆開地一砍，使人具有將勁向四周擴散的氣勢，如同灰袋落地，灰向四周散開一樣；因為是鬆開的砍勁，因此，當做下一拳式時利用下砍的彈性以領起身軀，猶如將四周的勁集中一點而領起一樣。及至右足落地震腳和左足伸出邁步時，意識上又有將勁鋪開來的意圖。這是這個拳式應具的神態。

第四十一式　伏虎（胸向東轉東南）

動作：在上式右拳發勁之後，逆纏地收回右拳，同時左手逆纏成拳，向左前放開。當右拳逆纏向後時，將在後的右足再向後右挪展半步為實，及至右拳逆纏向右外作一大圈，再作一小圈，使右拳到達左額角時，完成伏虎的拳式。同時，收回的左拳向左內一小圈，當轉到左腰側時，撐在左腰際。此時右足實，左足虛。（圖69）

要點：

此式在左右前後和上下旋轉一個大圈（大蓄勁）時，要使身軀在運轉中越運越低，同

圖69

圖 70   圖 71

時大圈兒也越轉越小，這是形成身軀螺旋向下的最明顯的一個例子。此式與一般拳式不同的是在開的姿勢下形成蓄勁；因為身軀越向低處運轉，作用於腿部的蓄勁的彈性亦愈大。這種蓄勁，能為下一式輕靈躍起的彈力作好準備，這是第二趟架子最低的拳式，也是腿部纏絲配合手的纏絲最明顯的一個拳式。

第四十二式　抹眉紅（胸向東南轉北，再轉南）

動作：上一拳式是大蓄身法，做這一式時，則是在上式身法蓄得十足的情況下的大放身法。在脊背右邊放長和彈性十足的基礎上，運用腰脊彈性恢復的收縮過程，以右手順纏從上畫弧向下轉前一甩（假定上式伏虎撐腰的左手被採），左拳以逆纏由下後向上畫一個整圈，借著右拳向前一甩的離心力將身軀領起，右足亦隨之向前躍出一大步，左足隨後跟進。此時雙足離地。（圖 70）

躍到對面當右足落地為實時，使身軀在空中向左旋轉

<table>
<tr><td>圖 72</td><td>圖 73</td><td>圖 74</td></tr>
</table>

180°，使左足置於右足的東側。此時，左拳亦由上逆纏向下置於腰間。（圖71）在躍進轉身過程中，很自然地表現出一背折靠勁，以去掉被採的左手，並收回左手置於腰間。

要點：

此式主要基於上式的蓄勁。在躍進之前，須將腰腿後坐一下，以加強彈勁。然後借著蓄勁的彈性，使身向前上躍起，這是躍得輕靈而易轉的關鍵。轉身時務須中正其身，這是背折靠勁得以安全發放的保證，也是不去求解脫而自然得脫的基礎。

第四十三式　右黃龍三攪水（胸向南）

動作：此式躍起轉身後，左拳撐腰，接著右手在胸前以順纏畫圈。當右手往下畫圈時，右足隨即提起為虛。（圖72）當右手往上畫圈時，右足又落地為實，完成一次「攪水」。（圖73）接著繼續再做兩次「攪水」動作。（圖74、73，再接74、73、74）

圖 75　　　　　　　　　圖 76

要點：

按照運動技能的要求來說，拳式愈簡單，則愈難做好一動全動的要求。此式僅右手一隻手畫圈，右足配合上下分虛實以進行運動，這樣的動作是比較簡單的，因此，是練習纏絲勁以達到節節貫串的基本功。要達到一動全動，其要點仍在於腰脊的帶動和手臂勁的鬆開，如同鞭子一樣畫圈，這是做好此拳式的關鍵所在。

此處正是第二趟架子的第二分段，可根據需要，反覆多做幾次。因為在「攬水」以前，連續進行了一系列較激烈的運動，在此可以使人得到一定的休整。

第四十四式　左黃龍三攬水（胸向南，轉北）

動作　接上式，轉過身來，換為左手「攬水」畫圈。它的做法與右手的「攬水」動作基本相同，所不同的是要做到在左右手交替和轉身時須保持內勁不斷。上式當右手畫圈到由下轉左時，撐在左腰的左拳放開並逆纏向右上來迎，形成

圖77

圖78

左微下、右微上的相合。此時右足上提為虛，一待交叉後，雙手立即變為雙逆纏，由腰脊帶頭和右手的牽動，轉身向右帶轉180°。同時，右足落地為實，並作為旋轉的中軸。隨之，左足亦立時隨身作弧轉，置於右足西側，完成轉身的過程。同時，左手由逆轉順向左外側畫圈。右手則在一小順纏後置於右腰側。（圖75）

　　這是「左黃龍三攪水」轉身後的起點。以後與「右黃龍三攪水」一樣，當左手往下畫時，左足須提起為虛。（圖76）當左手往上畫時，左足又下落為實。（圖77）完成一次「攪水」。接著再做兩次「攪水」動作。（圖78、77，再接圖78、77、78）

　　要點：

　　此式本身的要求與「右黃龍三攪水」同，但要特別注意的是在轉身換手之時，不但要轉得曲線緩和，同時還要求貫串一氣，不使有斷續和凹凸發生。其關鍵在於左手放開和右手相合時，形成兩膊相繫，能做到在再分開一轉時，勁就由

圖 79　　　　　　　　　圖 80

右手換到左手去。

　　此式要點與動作雖同前式，但為了使左手具有同右手一樣的靈活程度，此式可多做幾次或十幾次；此式運動時右足位置不變，因此在原地多做幾次，並無損於整趟架子的結構。

第四十五式　左蹬一根（胸向北）

　　動作：在上式「攪水」之後，當左臂順纏從內向外畫弧時，撐腰的右手放開，並乘勢加入相對又相分的畫圈；當轉過一個圈後再轉向下時，就成為雙合勁。此時掌心對掌心，雙手相對比肩略狹，並置於腹前。當右手加入到最後為合時，左足由實轉虛。（圖 79）

　　在雙手不停地畫圈之下，繼續以雙順纏加緊一合，使雙掌變拳交叉於胸前。此時，左手在外，右手在內，同時，提起左腿。（圖 80）在達到交叉的終點後，將雙手和左足盡力向左右一齊發出勁去。這是在右足獨立姿勢下將左足蹬出

圖 81　　　　　　　　　圖 82

勁去的。此時左手為主，右手為賓。（圖81）

要點：

此式的彈勁是在雙合中產生的雙開勁，因為當雙手為雙
合時，肘與膊寓有雙開勁。同時，在兩足微曲而雙合時，因
圓襠而使腿也有雙開勁。這說明雙臂與雙腿均有相繫的外掤
勁，這是發勁能鬆脆的關鍵。待雙手和左足齊向左右兩側分
發時，由於雙手分發的穩定作用，使身軀在發出時能得到一
定的穩定性。這程發勁是練習關節韌帶、加強其彈性的良好
辦法。

第四十六式　右蹬一根（胸向北轉南）

動作：在上式「左蹬一根」之後，雙手由逆纏向左一
合，牽動身軀左轉過來；同時左足落地一震腳，並提起右
腿，形成左腿獨立，雙手在右膝兩側合住勁。（圖82）

接著將雙手和右足盡力向左右一齊發出勁去，這是在左
足獨立姿勢下將右足蹬出勁去的。此時右手為主，左手為

圖 83　　　　　　　　　圖 84

賓。（圖83）

　　要點：

　　此式是提著左腿向左平旋過來；平旋時不易達到穩定的
轉動，因此，其要點在於頂勁提起和雙手逆纏相互合住勁，
使脊背繃緊，左足尖向下，以減輕左腿懸墜的下沉重量。這
是右蹬腳前轉身時應掌握的蓄勁姿勢。當左足落地一震腳
後，立即提右腿，把右足和左右手一齊向兩側發出。

第四十七式　海底翻花（胸向西）

　　動作：同第三十式「海底翻花」，惟轉身幅度較小，餘
皆相同。（圖84）

第四十八式　掩手肱捶（胸向西）

　　動作：右足下落震腳為實；此時右手為順纏，左手為逆
纏。當左手轉向左前時，左足向左前邁進一步；同時右掌變

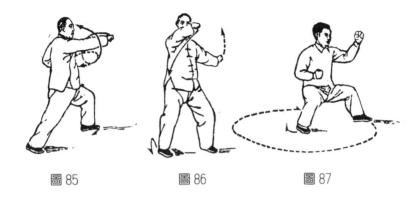

圖 85　　　　　　　圖 86　　　　　　　圖 87

拳轉逆纏發出勁去，左拳逆纏轉後，向左後放出勁去為賓。
（圖85）

　　要點：同第十七式

　　第四十九式　掃蹚腿（轉脛炮，胸向東，轉北，後轉南再轉北）

　　動作：在「掩手肱捶」發勁之後，右手在前逆纏收回再向前畫一個圈，左手在後逆纏向前又向後畫一個圈。（圖86）當右手再逆纏由前收回到右腰前時，右足蹬地震腳；此時左拳逆纏向前上舉。（圖87）緊接著震腳之後，右腳腳尖外撇，向右後邁出小半步，形成旋轉慣力，把身向右後帶轉約280°，右腿下蹲，左足亦隨之仆腿畫弧轉掃280°，掃至右足的西北。（圖88）

　　要點：

　　此式是練習足部橫掃時的踝擊勁。為了穩定地旋轉左腿，橫掃一個整圈，就必須使意氣上表現出猶如右足在地面

圖88　　　　　圖89甲　　　　　圖89乙

生了根。其次，為了加強腿的橫掃勁，須利用右腿向右後、腳尖撇邁小半步，來帶動身腿的旋轉，形成旋轉的慣力。再次，須做好上下配合一致，才能使身腿輕靈而沉著地旋轉；這主要在運動的前半圈是如此，姿勢是由高轉低，而在運動的後圈，則內勁又須由低再轉高而後落地。

　　這也是一個難度較高的動作，是練腿領身的運動，能使腿部肌肉放長和增強。為了加強腿的橫掃勁，可提出作為散手專練，也可以做兩個360°的掃蹚腿。

第五十式　掩手肱捶（胸向北轉東）

　　動作：在上式轉過280°以後，雙手交叉合於胸前（圖89甲）接著雙拳變掌，分別向左右兩側弧形而上展開；同時，右足離地提起，左足即蹬地躍起。（圖89乙）接著右足落於西南方，左足隨著落於東北方。雙手自上雙逆纏合於

圖90　　　　　圖91　　　　　圖92

胸前，再順纏而開，逆纏而合，然後右拳打出，左拳收於左
肋下。（圖90）此式與前十七式不同者僅有躍步動作，待
兩足落地後，即與其他幾式「掩手肱捶」相同。

　　要點：

　　這是架式盤旋上升到達終點時的一個穩定動作，是繼身
軀大旋轉之後一種螺旋式上升的練習，也是在體育上對前庭
分析器的一種良好鍛鍊；要達到這一穩定作用，在掃蹚腿終
了時立身必須中正。

　　要點：同第三十一式。

第五十一式　左沖（胸向東）

　　動作：因動作是由左腿在前開始的，故名「左沖」。它
在上式「掩手肱捶」發勁之後，右拳順纏收回，左拳逆纏向
前伸出，兩拳合住勁，形成雙拳相對。（圖91）接著借著
前伸的左手與右手雙雙下沉向右脅側畫一個圈，畫到後上時
收回左足，並上提為虛。（圖92）當雙拳又由上轉下到左

圖93　　　　　　　　　圖94

腰側時，左足落地一震足。畫到前下時，邁出右足；雙拳轉
到左脅側後，下沉其勁，（圖93）這是沖捶的蓄勢。接著
以雙順向前上發出抖勁。畫圈下沉時，在後的左足為實，雙
拳向前抖出勁時，右足為實。（圖94）

　　要點：

　　此式動作是雙拳由右側轉到左側，整整畫兩個前後上下
的大圈。動作要接連不斷，一氣呵成，因此必須利用旋轉慣
力，這樣才能使勁貫串到最後的抖勁上去。如內中有繼續，
就會失去加強其勁的作用。同時，這是練習抖勁的一個必要
拳式。初學時，掄兩個大圈後，方始發出抖勁，以後可以漸
掄漸小，逐步減到一個圈；最後，只要意念一發動，就可同
樣地發出抖勁。這是發出抖勁的最深功夫。

第五十二式　右沖（胸向東）

　　動作：因動作是由右腿在前開始的，故名「右沖」。此
式先是右腿在前，最後換到左腿在前；雙拳先從左脅側轉到

圖95　　　　　　圖96　　　　　　圖97

右脅側，畫兩個大圈後抖出勁去；在這兩點，此式與上一式正相反，因此它的動作路線與上式是對稱的。（圖95、96、97）

　　要點：同「左沖」。

第五十三式　倒插（胸向東，轉東北）

　　動作：在上式發出雙抖勁後，假定右手被採（這種採勁，常可使被採者下跪），為了做到沾黏連隨，使之不與頂抗，右手就以逆纏下隨，使右手與左手相合。合時左手墊在採手下方，並以右手下壓，做初步的解脫。此時右手向下為實，右足上步為虛，與左足併立，腳尖點地，這樣雙手靠近自己身軀的上下，是為「合中解脫」，是以輕制重的又一範例。（圖98）

第五十四式　海底翻花（胸向東）

　　動作：如上式倒插不能「合中解脫」，則再往下沉後突

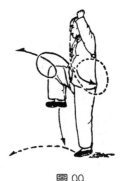

圖 98　　　　　　　　　　　圖 99

然一轉，放長身軀，轉為上下雙開其手。這是在氣貼脊背之
下，由頂勁領起身軀，為二次解脫，是「合中解脫」後的
「開中解脫」的方法。在「開解」的同時，右手順纏向右上
再轉右下，左手逆纏向左下再轉左上，整個身軀放長，左足
獨立，右足提起（做為踢的準備）；左拳向左頂上放勁，拳
心向右，右拳向右腰側下放勁，拳心向前；其動作與前幾個
「海底翻花」同，惟本式僅微微轉體，前幾式轉體幅度較
大。（圖99）

　　要點：

　　太極拳多用往下採的採勁，借使對方不易運用連隨得到
解脫；為此，右手逆纏向下，右足前邁；左手墊入採手之
下。由於「倒插」的右足上步，即使自己的雙手靠近自己的
圈心，從而加大了作用於對方的力矩，同時減少了自己的作
用力矩；一大一小，又是一種以輕制重的典範，可使自己
「得勢」。這種上壓下墊的解脫，為求解脫的初步形式。如
仍不能得脫，與對方發生了頂抗，則應順其頂抗之勁而一反
其路線而行，把左手轉在對方採手之上，並使左手下斬和右

圖100　　　　　　　　　　圖101

手上提，使和「斬手」一樣。同時一震左足，使整個身軀放長而起立，雙手雙開其勁。

　　這是變換的解脫形式，說明在海底部位間有雙開、雙合的翻轉與變換，也是擊發與解脫一著兩用的手法。

第五十五式　掩手肱捶（胸向東）

　　動作：在上式右腿提起之下，接做發勁，其動作與第五十一式同。（圖100）

　　要點：同第三十一式。

第五十六式　奪二肱（一）（胸向東，轉南）

　　動作：上式「掩手肱捶」發勁之後，先略微雙開其手，隨即左拳逆纏，右拳順纏，從右邊轉回一合勁。此時右拳在下外，左拳在上內，同時右足跟進半步，使與左足靠攏。然後雙拳轉為雙順，使右拳向上收回到胸口，左拳下沉到左膝前，同時左足向前邁出半步。（圖101）

　　接著，重心前移，使左足為實，同時由於合勁，以左足

圖 102　　　　　　圖 103　　　　　　圖 104

為軸身向右轉 180°。在後的右足同時提起向左後側退步（橫
移半步）。在轉身過程中，雙拳繼續在胸前裡外雙翻合住勁
地順纏。當轉身到身軀朝東時，右拳適在裡前上，左拳則在
外前下。當右拳由裡向下轉外再向上轉裡時，右足隨之提
起，沿地面收回，兩膊合住勁。此時右拳在外彎住，左拳在
內彎住。（圖 102）

　　前述動作是蓄勁，此後動作則是蓄而後發的發勁。它在
雙拳十足掤勁的環抱下，右拳微向上提，當轉到左拳內側
後，即向下沉勁。同時右足一震腳，沿地面鏟了出去，上下
相隨地鏟到對方圈心時，右臂橫著由小臂發出勁去，同時左
拳逆纏向左後放勁。這是右手右足同時並進的特殊動作，也
是在姿勢上的上下相隨。發勁時左足為實。（圖 103）

　　要點：

　　這一拳式的要點是在合勁中轉過身來，與前面各式由開
勁中轉身不同，因此，這是本式練習的主要內容。此式假定
後面遇有襲擊，就以轉身來化去這種襲擊，並利用轉身，以

加強蓄勁，使下一拳式能發得更脆。這是本式的特殊作用。在轉身過程中，要保持尾閭正中神貫頂，就是頂勁不丟，尾閭不倒。

自轉身後當橫著右臂合住勁時，假定在前的右腕節被採，則此時即無須另求解脫的方法，可以右拳、右足同時一震，向前鑽地而出，並由右小臂橫著掤出勁去（掤勁是彈簧勁，為太極拳八勁之首，是一種防禦性的勁。若能用於掤發勁之中，就等於一著兩用；這種著擊，只要手一抖就可發出，因此距離短而效用大，為最簡便的發勁）。這也是解脫與擊發一著兩用的聯合作用。

它的要點是須在「中土不離位」和「以身進退」①之下求得解脫，也是進入人圈的擊發手法，尤其是將掤用於擊發，是一著兩用的最簡要的手法。

第五十七式　奪二肱（二）（胸向南，轉西再轉南）

動作： 在上式掤發勁後，假定還沒有被解脫，就要繼續做第二個「奪二肱」；所以，應有人字上步。這是一個連隨著人繼續上前兩步的動作，在拳架內是少見的，所以要作為一個動作來練習。這個動作，開始時是右拳順纏向上裡收回，同時左拳從下外向上，左足隨之跟進一步。（圖104）

當左拳到右臂外邊再向上用勁和右臂在左拳內側轉向下用勁，並貼近己身上下對勁時，已將被採的右臂解脫了。在解脫的同時，又上了右步，這也是為右臂將要掤發勁作好蓄

---

① 「中土不離位」和「以身進退」為太極拳術語，意為手與足先後聯繫著前進時，應如大纛旗一樣樹立不倒地移動。

圖 105　　　　　圖 106

勁的準備。（圖 105）

在上式上了左步之後，繼續上第二個右步，這是人字上步的最後一步。雙拳如同風車似地在胸前裡外地相互翻轉一大圈。上一動作當右拳向前上向裡順纏時，右腳收回半步，足尖點地。接著右拳在胸口前向下一沉勁和左拳向上的配合，以二次解脫被採的右手。同時右足向下一震腳，並乘勢鑽地而進。同時，右拳橫臂向前，掤出勁去。（圖 106）

要點：

若上式的掤發勁尚不足以解脫被採的右手，為了避免頂抗，就須運用連隨而拖著繼續上步。因此，這式主要的練習內容是連續上前兩步而仍不致有斷勁發生，並要隨時有可脫可擊的機勢。要達到這個要求，其要點是兩膊相繫著使雙拳在行進中上下翻動，以揉動脊背來擺脫右手的被採。

由於第一個「奪二肱」還不能求得解脫，就必須順著要勁，在推動對方退後的過程中，連脫帶擊地掤出勁去。這是推動與解脫的統一作用。因此，它不論邁左步或右步，均須

圖107　　　　　圖108　　　　　圖109

轉動脊背而進。這是放出掤發勁時能否使脊背的蓄勁如弓弦
脫扣一樣地放出勁去的關鍵。

第五十八式　連環炮（胸向西）

動作（一）：在上式右手掤發勁之後，在左後蓄住的左
拳就如弓弦脫扣一般著擊抖出，同時右拳順纏收回置於右脅
側。擊出時左腿為實。（圖107）

動作（二）：動作（一）是左拳的抖勁，動作（二）是右
拳的抖勁，兩者基本相同，所不同的是脊背揉動。當左拳順
纏收回，置於胸前的同時，右拳即如扯鑽似地發了出去。右
拳發出時右腿為虛。（圖105）

動作（三）：同動作一。（圖109）

要點：

「沖捶」是雙拳發出的抖勁，這一式是單拳分別發出的
抖勁。其要點在於鬆開身肢，然後突然向外一抖，是短距離
的捌勁。發出後仍須曲蓄其臂；曲蓄的度數，以能再發為

圖 110　　　　　圖 111　　　　　圖 112

準。

動作（二）的用勁，猶如木工用手工鑽扯鑽打孔一樣，具有連環擊出的作用，這是鍛鍊腰脊與雙臂彈性的特殊拳式。

第五十九式　玉女穿梭（胸向西，轉北再轉東）

動作：在上式發勁後，假定左拳被採，即將左拳微裡收即伸出，並邁出左足飛步躍進。（圖110）

同時右足隨之跟進，把身軀向右帶轉180°，置右足於左足的西側，以解脫左拳的被採；並由此轉身以背折靠勁擊發對方。同時，雙拳在胸前雙逆下挫合住勁。（圖111）

第六十式　回頭當門炮（胸向東）

從上式轉身時左足實，下挫時右足實；接著拳雙順纏向前上抖出勁去，此時左足為實。（圖112）

要點：

太極拳的背折靠勁均係為了連隨，是不得已而用的勁，是不輕易採取身法去擊發的。因為在「玉女穿梭」飛身連隨過程中，運用轉身的一靠，不但能解脫被採的手，並且又可急用「回頭當門炮」一式攻擊對方。這是使解

圖113

脫與擊發兩用的最簡便的方法，所以，在轉身過程中常採用背折靠勁以求解脫。「玉女穿梭」的飛步轉身，並以靠勁擊發對方，也是運用上述原則的又一範例。

其要點是在躍出前挫右腿而一沉其勁，然後再邁出左足躍步向前。在「隨」的過程中，尚須注意中正其身，這是運用靠勁的必要條件。接著，再雙拳以順纏抖出勁去。

第六十一式　玉女穿梭（胸向東，轉北再轉西）

動作：此式與上一「玉女穿梭」，都是飛身躍進的拳式，並在躍進轉身過程中運用背折靠勁的攻擊，以求解脫。所不同的上式是左拳被採，所以用向右轉身的左肩背折靠勁；這式是右拳被採，用向左轉身的右肩背折靠勁。左轉與右轉的背折靠勁應該並練。在上式發勁後，假定右拳被採，將右拳微收即伸出，左拳同時收於腰部，同時右足亦立即向前躍出一大步。（圖113）

接著左足隨之跟進，把身軀向左帶轉180°，置左足於

圖 114　　　　　　　　　　圖 115

右足的東側，以解脫右拳被採。（圖 114）

第六十二式：回頭當門炮（胸向西）

動作：從上式轉身落地後，雙拳往後下逆纏一沉勁，隨即向右前上方抖出勁去。在沉勁時，左足為實，發勁時，右足為實。（圖 115）

要點：同第六十式。

第六十三式：撇身捶（胸向西，轉南）

動作：在上式右足在前，左足在後，雙拳雙順纏向前發出勁後，再膊相繫地微含蓄勢。假定有左後方受到襲擊的情況，因此雙拳在前雙順纏一小圈，使左手轉到胸前與右手在右上合住勁，胸向南轉。（圖 116）

當雙拳再轉向右時，雙開其勁，就將左拳順纏向左後，以背反捶發出勁去。同時右拳順纏向右後放勁，重心移到左腿為實。發勁時左拳為主，右拳為賓。（圖 117）

圖116　　　　　　　　　圖117

要點：

這是在上式雙拳向右前發出抖勁後，忽然左側發現有可能被襲擊而採取的拳式。其要求是只要回頭一看，左拳就很自然地用背反捶發出勁去。要做好此一著擊，主要在襠口下沉的基礎上，好像小腹前有一小圈轉了一下後，就由腰脊帶頭，運用離心力將左拳背甩了出去。

第六十四式　拗鸞肘（胸向南，轉北）

動作：在上式左拳向左後發出勁去後，假定發後左拳又被採住，就毫不遲延地將雙拳一沉勁，後轉雙逆，兩膊合住勁。同時帶轉身軀向左轉180°，右足亦跟進一大步到左足的東側。左拳放開為掌，壓在對方的採手臂上（也就是放在自己的右拳上），使雙臂如環形地合成一臂，用壓在左掌內的右拳作轉動中心，以右小臂逆纏向胸右發出肘勁。同時，左掌亦隨右拳的轉動而上翻，掌心向上，左足為實。（圖118）

圖118　　　　　　　圖119

要點：

上式發勁後左拳被採，為了不頂不抗，就不得不轉上一大步，轉過身來，壓住對方的採點作旋轉中軸，向前發出肘勁。這是近距離的肘勁，也是解脫被採的簡要方法。用掌壓在對方採的手掌上，並以此為中心，使對方的採手不易變換，再以右肘橫向右擊。這是激烈的擊法，也就是不求解脫而自脫的又一拳式。

第六十五式　順鸞肘（胸向北）

動作：這是繼續上式「拗鸞肘」橫肘由胸前內右擊出後，如還不能解脫其採，就繼續順著要勁，分開自己的雙手，用右肘尖逆纏、左肘尖順纏一小圈，向下方發勁。因為右足在右前為虛，就很自然地沿著地面鏟進，左足在後跟著前進。（圖119）

第六十六式　穿心肘（胸向北）

動作：這是繼續上式「順鸞肘」兩肘下沉發勁後，以左

拳護胸，用右肘尖逆纏 小圈，
向右側展開步法以擊出。右足沿
地面鑱進，左足在後跟著前進。
右足在前為虛。但當發肘勁時，
右足立即變實。（圖120）

要點：

凡手臂越出方圓圈外，就叫
做出隅；越進方圓圈內，就叫做
進隅。出隅須用採挒，進隅須用

圖120

肘靠。所以肘靠之用，猶如短兵相接，速戰速決，沒有回環
的餘地。為此，須有連珠為用的措施，以求得最後的解脫。
此式就是這一措施的繼續。當右手仍然不得脫的時候，順著
要勁，右足沿地面鑱進，右肘向右擊出，同時左足後隨地一
震腳，這是形成如弓弦脫扣的氣勢，形成以輕制重、連珠肘
擊的要點。

第六十七式　窩裡炮（胸向北）

動作：這是從「撇身捶」的左手被採以後，一連串運用
肘勁的連珠擊發；解除了被採的左手，到此已是解除後緊接
的一個發勁。它是以右順左逆在胸前雙合其勁，使右拳在下
內，左拳在上外；同時，將在前的右腳收回，形成氣貼脊背
的曲蓄姿勢；在蓄勢之後，右拳立即外翻，用拳背向右前擊
出；同時，左拳向左後逆纏到左腰側放勁，以配合右拳的擊
發；當右拳向前擊發時，將右腿壓了出去，重心前移，左足
亦隨之跟進半步。（圖121）

圖 121　　　　圖 122　　　　圖 123

要點：

第六十三式「撇身捶」是左手的背反捶，此式則是右手的背反捶。此式要點是在上式鑱地前進之下，取近捨遠，在襠口下沉和運用離心力的同時，以墜肘作樞紐用拳背反擊出去；右足亦隨之鑱地而進。為了勁發得更脆，就要在雙拳右順左逆的合勁下，將圈兒縮小，以加強蓄勁，然後由肘領身地向右外反擊出去。此式要求一動全身俱動，而這只有在腰脊聯合基礎上，運用慣性力，才能做到恰到好處。

第六十八式　井攬直入（胸向北，轉南）

動作：繼續上一式，右拳發勁後，右順左逆地在胸前一合後，雙拳再以右順左逆的向右一雙開勁，將身軀以右足為旋轉中軸向右帶轉180°，左足亦隨之弧轉到右足的束側。當胸轉到南面時，雙拳在胸前作裡外上下的順纏，如風車式彎臂旋轉一個圈。當右拳翻向內上時，右足為實。（圖122）當右拳翻向外下和左拳翻向內上時，左足為實。（圖123）

要點：

本式主要是在騎馬式的襠口下，雙拳掤勁十足地在胸前翻轉，做一個上下裡外的順纏圈，揉動脊背，以鍛鍊氣由脊發的功夫。做此式時，併立的雙腿也要裡外纏轉，要表現出勁起於腳根、達於拳尖的神態。這是校正動作、達到正確姿勢的一個拳式。

第六十九式　風掃梅花（胸向南，轉西再轉北）

動作：在上式「井攬直入」之後，為了轉向面北，雙拳變雙掌，使雙掌以右順左逆的纏絲上下雙分又雙合於胸前；然後以左逆右順翻轉放開其圈，促使身軀向右轉 90°。此時左足為實，並以左足為旋轉的中軸，右足隨之向右橫掃到左足的東側。當右掌由上順纏向下，待到小腹前時，掌心已翻轉向左上。同時左掌亦以逆纏從左上向右下按勁，與右掌相合於小腹前。（圖 124）

接著，左掌按住一點逆纏轉左後，重心仍於左足；右掌隨之順纏向上一開勁，以帶轉身軀再向右轉 90°。此時仍以左足為旋轉中軸。（圖 125）

要點：

此式的「風掃梅花」與第十式的「風掃梅花」基本相同，所不同者，第十式的「風掃梅花」旋轉 360°，而本式則旋轉 180°。它的作用，主要是使練習者最後轉為面北而結束第二趟架子。

第七十式　金剛搗碓（胸向北）

動作：此式是在「風掃梅花」之後繼續做的一個「金剛

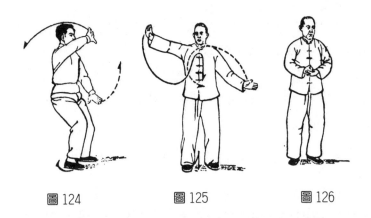

圖 124　　　　　圖 125　　　　　圖 126

搗碓」。它與第十二式轉了 360°以後再做的「金剛搗碓」相
同，因此不再重述。（圖 126）

　　要點：同第十二式。

第七十一式　收勢（胸向北）

　　動作：本式繼承上式「金剛搗碓」之後，隨即雙手左右
分開，以雙逆纏的雙手會合到胸前；兩手的手指碰到後，掌
心向下，再逆纏雙手向前雙分而下，止於股的兩側；掌心向
後，恢復到預備式。（參見圖1）

　　要點：

　　第二套架子，同樣是以「文象」始，「武象」終，面南
起，面北終；如不將第一、第二兩趟架子連續地練下去，或
去者是第二套不要接連練兩次，就要加上「金剛搗碓」和
「收勢」這兩個拳式。

第四章
陳式太極拳推手

　　陳式太極拳的雙人推手方法，原來稱為「搨手」或「打手」，是太極拳學派繼承明代民間武術技擊方法並加以發展的一種獨創性的競技運動。它綜合性地繼承並發展了「拿、跌、擲打」三種方法，因此原來的技擊性極為強烈。纏繞黏隨和纏絲式的螺旋運動，是它創造性成就的中心內容。根據「太極兩儀，有柔有剛」的理論，它要求以「剛柔相濟，輕沉兼備」的變化靈活、富於彈性和韌性的內勁作為統帥。

　　陳王廷在《拳經總歌》中說：「縱放屈伸人莫知，諸靠纏繞我皆依」（「諸靠」指的是兩人以手臂互靠，運用「掤攦擠按採挒肘靠」八種方法和勁別），這兩句話概括地說明了推手的特點和方法。原始的四句《打手歌》：「掤攦擠按須認真，上下相隨人難侵，任人巨力來打我，四兩化動八千斤」——這是解釋「諸靠」的作用和以掤攦擠按四手為基本功夫的原則。

　　到十八世紀末葉，山西人王宗岳，以及十九世紀中末期河北永年人武禹襄、李亦畬師徒兩人，都發揮了太極拳的理論和推手練法，並根據各自練拳經驗寫下了總結性的太極拳和推手的論文。

　　這些拳論，言簡意賅，傳抄廣泛，成為近代練太極拳和推手者的指導性理論；與武、李同時的陳家溝的陳仲甡及子

陳鑫，也闡發了陳氏累代積累起來的太極拳和推手理論。

一、推手的一般要義

自楊式太極拳盛行，把「撍手」或「打手」稱作「推手」以來，「推手」已成為通俗的名詞。推手是兩人搭手，互相纏繞，運用太極拳運勁如纏絲的獨特鍛鍊方法，根據「沾連黏隨，不丟不頂，無過不及，隨屈就伸」的原則，運用掤攦擠按採挒肘靠八種方法和勁別來練習全身皮膚觸覺和內體感覺的靈敏性，探知對方勁力的大小、剛柔、虛實、長短、遲速和動向，選擇合乎槓桿原理的沾黏點為支點，運用彈性和摩擦力（力點）的牽引作用，發揮「引進落空」、「乘勢借力」、「以輕制重」的技巧，掌握「動急則急應，動緩則緩隨」、「彼不動，己不動，彼微動，己先動」的戰略戰術，牽動對方重心，在時間和力點最為恰當的時機則又「以重擊輕，以實破虛」地將勁發了出去；這種發勁要「沉著鬆靜，專注一方」，由弧形而筆直前去對向目標，又穩又準，猶如放箭時箭頭深入箭靶內一樣，乘勢將對方乾脆地發出去。總的要求是能化能發，化勁鬆淨，發勁乾脆。

這種競技運動，既能訓練力量和耐力，也能訓練靈敏、技巧和速度等身體素質。

近代發展的推手方法為了避免傷害事故，限制了抓拿摔跌打等方法的使用，因此，成為男女老少人人可練的一種武術運動了。

太極拳套路的練習，原來就和「推手」相輔而行，拳套練得純熟細膩，中正圓滿，內外合一和虛實剛柔具備之後，

就可以充分發揮推手的技巧。在練拳的同時，若再練推手，則既可將走架子得來的勁別認真地運用到對抗練習的推手之中，同時又可以檢驗練習太極拳套路的正確程度，便於改正、充實其姿勢和動作。舉行推手比賽，可以糾正某些曲解太極拳理論的練法，糾正對推手的片面性理解，從而使太極拳的技術得到恢復和發展。

二、陳式推手方法

陳式推手的基本步法為一進一退，也可以連續進步或連續退步。手法為掤攦擠按，稱為四正手；每四手推過一圈即一進一退，進者為按擠，退者為掤攦。四正手的推手熟悉了，然後摻入採挒肘靠，此為四隅手，也稱作大攦、大靠。基本步法熟悉後，可以練習「散步」推手，即不拘方向的動步，也有稱作「亂踩花」的。

陳式推手時，甲如右（左）足在前，乙則左（右）足在前，使上肢兩手互推，下肢前足亦互相黏化，使手足同時練得觸覺靈敏。凡進步的一方，前足踏在對方前足的內側。雙方前足互靠黏貼，可以作為以後使用管腳的方法，作為發展跌法技巧的基礎訓練。

（甲）四正基本推手：掤攦擠按

兩人塔手前，相對站立，中正安舒地成立正姿勢。相對站立的距離，以雙方兩臂向前平舉（握拳），拳面相接觸為標準。甲如右（左）足前邁，乙則左（右）足前邁，成弓步式，但重心落於兩腿之間，便於進攻時坐實前腿，引化時坐

實後腿；同時各以右（左）手向前掤出，高不過眉，掌心向外（掌心向外是為了便於採拿），兩肩放鬆，肘節下墜，腕節之下的外側互相黏貼掤住。

凡搭手時，需手臂鬆柔，但主要攻防手的黏著點，需以意貫勁掤住，不可軟化；武禹襄正確地總結出「一舉動，惟手先著力，隨即鬆開」，他所指的力，乃指鬆開有彈性和韌性的力，不是說的鼓勁的拙力；所以李亦畬《五字訣》：「心靜」項內說：「彼有力，我亦有力，我力在先；彼無力，我亦無力（掤勁不丟），我意仍在先。」陳鑫說：「不可有力，亦不可無力，折其中而已。」

腕節對向自己胸部中線，掌心內向時，大指對向鼻尖；掌心外向時，小指對向鼻尖；同時左（右）手腕節下尺骨輕貼於對手肘節之上的上膊部分。（如圖1：雙搭手）然後一方主動進攻用按法，另一方用掤法引化，即開始掤搌擠按的練習，周而復始，連綿不斷。

掤勁 由於身肢放長產生一種彈性，猶如弓弦為弓背的彈力所拉長而產生彈性一樣，形成一種彈簧勁，呼為掤勁。凡是以意貫注於肢體任何部份旋轉地向前引伸的（順纏絲），都是掤勁的作用。

在推手中，掤是以右（左）手掤住對方雙按，黏著點作軸心運動的旋轉，隨著「主宰於腰脊」的軸心旋轉，採取纏絲螺旋式的畫弧以走化，並採拿對手的掌而引進（採拿現僅陳式運用），同時以左（右）手尺骨處輕搌對方右（左）手上臂而引進。採掤的合一，旨在使對方立身不穩。身漸後坐，同時，收胯，轉腰，蹋襠，後足漸變為實，前足漸變為虛，成「下蹋外輾」之勢。（如圖2：甲按乙掤）。

圖1　　　　　　　　圖2

圖3　　　　　　　　圖4

　　攦勁　攦勁也是在身肢放長的條件下產生的，當身肢運向內左或內右，並作逆纏絲的螺旋時，即產生攦勁。由於螺旋關係，擴大了接觸面，因而增大了摩擦作用。凡是以意貫注於肢體任何部份旋轉地向後或左或右地走化的，都是攦勁的作用。

　　攦勁是掤勁的反面。在推手中，當對方雙按，經我掤化

而不得勁後，即變為擠再繼續
進攻時，我仍漸漸畫弧攦回，
引之近己身的左方或右方而化
之，使其落空（攦之引近自
身，乃露空而誘彼深入，但手
須掤住，並須注意攦回時自己
的手臂勿貼己身，「肘不貼
肋」，肘尖勿使移向身後，以
免被逼不能出勁還擊）。攦時
坐實後腿，轉腰落胯，襠步下
蹋外輾。（如圖3：甲擠乙攦。圖5：乙擠甲攦）

圖5

擠勁　掤攦二勁為四正的主勁，按擠為掤攦的輔助勁。
有時掤勁的彈性不夠，為了避免發生匾病，採用雙手交岔來
加強掤勁，將雙臂合成如環形，在力學上名為合力。這樣就
可以左右逢源，虛實互變地發勁，呼為擠勁。

在推手中，當我雙按為對方掤化攦引後覺已不得勢時，
即變前手（被掤、被攦的手為前手）為屈肘，掌心斜向外
下，或平圓（手與肘平）前擠，或立圓（手在下，肘在上）
前擠，後手貼於前手肘節之下，掌心向外，以助前手之勢
（後手手掌斜向前上，作為預防對方擊面的防禦手法，也便
於對方接手拿或攦，或變為按，逐漸迫使對方立身不穩，身
前坐，前足為實）。

按勁　按是以掌中心作軸心，用掌的四周旋轉壓迫以找
尋對方的空虛，力爭上游，位在人手之上；這樣不但用處
多，範圍廣，且地盤大，易轉為四正的其它三勁，也易轉為
四隅的採攦二勁。在推手中，按是以我雙掌按住對方的一臂

並轉換虛實於雙按之中，一手控制腕節，一手控制肘節，使對方不易活變和還擊，沉肩，垂肘，坐腕，虛虛籠住，不使拙力，長勁向前往對方身上輕輕按去，手中輕沉兼備，不但兩掌在互換虛實，忽隱忽現，單掌周圍也在息息變換虛實，掌心周圍旋轉於對方手臂之上，也就是不斷地移動力點，作無數前按的想象，逐漸逼使對方立身不穩身漸前坐，前足不實。（如圖4：乙按甲掤）

總之，掤攦兩勁為走化勁的手法，襠勁要下去，襠步要下蹋外輾，坐實後腿，在腰胯變換重心時，同樣須使肩胯垂直，兩乳與兩肚角成垂直，勿使身體俯仰傾斜，始終保持立身中正，自己的手臂要輕靈柔軟，但又不可失去掤勁，以免失去「鬆開我勁勿使屈」之勢。

所以臂肘部份萬不可貼住己身，要留有旋轉走化的餘地，腋下也始終保留有空隙約可容一拳；同時，肘尖不可移向身後，以免被逼不能出勁還擊。按擠兩勁為進攻的手法，坐實前腿，出手不宜太過足尖，肘節下墜始終屈而不直，在任何角度上力求肩與胯成垂直，兩乳與兩肚角成垂直，不使身體俯仰歪斜，要保持「立身中正」，「上下一條線」。

（乙）四隅補助推手：採挒肘靠

採勁 採勁與擠勁相反，擠是雙合，而採是雙分，它的形式猶如一手把住樹枝，一手採果一樣。採勁為擒拿的基礎。擒拿手是從採勁內發展而來的。它的主要作用在於出隅制隅和牽動對方。

拳論說：「採天靠地相應求。」採法是以掌指虛虛籠住對方手臂，乘勢借力地由輕而突然沉重地一採，速度快，距

離短，落點準，猛力一採，不許死握滯重，乃驚戰之法，最易牽動對方足跟，但也容易震動對方腦神經；故此法不宜輕用，功力相當者可以互試用勁得當與否。

捌勁 捌勁的特色為運用指掌的尖點，以突擊的方式在近距離內抖出一種勁去，為已往擒拿內閉穴的基礎。捌是主要用抖擊，而不是發勁，常用於當手達其點而發的形勢已變時，欲發不能，則改為捌勁抖出。如用捌時，觸覺對方已被牽動，則又可乘勢轉為發勁。這種捌勁與按勁同屬運用範圍較廣的一種手法。捌勁除了主要作用的抖擊之外，也具有與攦勁相反方向的作用，為弧形的即化、即打，惟方向相反。攦為往後或左或右攦化，捌為弧形稍化即斜向前斜角旋轉捌出，如拋物線；攦為使對方向我身後或左或右傾跌，捌為使對方身其自身左右旋轉後跌。

總之，捌勁與採勁，它們是一個對立面，在採的過程中遇到阻礙，即可轉為捌，捌遇到阻礙，即可一轉反以採之。這是採捌二著的統一，猶如四正的掤攦二勁。但是採、捌是統一於掤、攦之中，它們之間以掤、攦為主，採、攦為賓。

肘勁 肘、靠與採、捌，雖然同是隅手；但採、捌是用於手腕出了方圓圈外，而肘、靠則是用於手法進入方圓圈的內圈裡（參閱第二章的圖12），這同樣屬於出隅，所以採、捌譬如「長兵」接戰，而肘、靠是「短兵」為用。在推手過程中若形成俯斜出圈，就以採、捌補救之；若形成仰匾進入內圈裡，就以肘、靠作後備軍。

肘之為用，另一臂要搭於前發的肘臂上，使一肘變為兩肘之用，如第二套的「拗鸞肘」、「順鸞肘」等拳式就可以左右進擊。用肘、捌都是在中部人字地位，不同於採天，靠

地；它譬如象棋中的士相的作用。肘擊是以肘尖或肘的周圍部份緊貼於人之身軀而擊出，因為用肘尖擊人胸肋易於傷人，現在已經不許應用於胸肋；推手時用肘部進擊對方胸肋，只許緊貼對方手臂而用肘法放勁。

靠勁　凡是用身軀某一部分以抖勁的震彈力擊人者，均呼為靠勁。靠勁如同象棋中將帥親自出戰，八面威風，氣勢逼人；也有因左或右的某一臂出隅，而另一臂又支援不及，處於此種不得已時，才運用身法以肩靠擊之。

肩靠有前肩、側肩、後肩之別。肩靠必須做到靠出去時重心不偏於一邊，並針對對方重心以擊出，以免有落空失勢之虞。肩靠時須襠勁下沉，身法中正、前肩、側肩靠出時，肩部不可超出膝尖。

除了肩靠以外，尚有「七寸靠」，當被攦前傾失勢時，隨即乘勢進步插襠，俯身用肩挑對方小腹以仰跌之（須有腰腿功夫者始能做到）；還有「背折靠」，乃是躍起折轉身軀以背擊出，這是遭遇被採要勁時，為了順應要勁而給之，在給的過程中背轉身軀，為自然解脫被採局勢的方法。同時，還能得到攻擊的機會，在衝擊中突然轉折發勁，是一著二用，所以呼之為背折靠勁。

靠法的使用，須腰腿身乘勢黏貼對方的身肢，俟對方微動時即發勁，必要時並須步法略跟進，侵佔對方地位，始能放勁乾脆而自己不失重心。

肘擊肩靠在推手中都是乘勢而用。陳氏前輩拳家有專以肘擊肩靠著名者，但一般也有被逼失勢而隨用肘肩者。即凡手腕進入方圓裡圈內而失勢時遂用肘法，肘法失勢時隨之用肩，用肩靠和背折靠都是貼身靠打的方法。以胯部彈擊對方

者，也屬於靠法的範圍。此種以身攻擊的方法，身入虎穴，勢險節短，通常是「潑皮膽大功夫純」，敢於迫近對方的表現；譬如象棋中以帥親自作戰，有其一定的威力，但若運用不善，危機立見，故非正常之法。太極拳推手雖有八法八勁，而基本功夫則以四正推手為尚。故《打手歌》中有「掤攦擠按須認真，上下相隨人難進」之說，從這裡也可看出四正推手與四隅推手的主從關係，這是前人練拳總結出的寶貴經驗，是值得我們練習時注意的問題。

另外，還須認識的是：四正推手中又以掤攦二勁為主，掤為順纏，攦為逆纏，逆從順而來，相反相成。掤、攦是相互矛盾而又統一的，螺旋式的順纏為離心力，螺旋式的逆纏為向心力。

三、陳式推手的兩項演變

陳式推手原來拿、跌、擲打（發勁）兼施並用，乘勢活變。拿法原來是以拿脈、抓筋、反骨為主，後來由於避免發生傷害事故，已不輕於傳授和運用；推手運用拿法時，也適可而止，並發展為以拿住對方勁路為主，拿成我順人背的得機得勢即止。功夫純粹者，一舉手，一投足，圓轉、柔和、輕靈地控制對方勁路，即可使對方失機失勢，無從轉變，即可發勁；或一待放任轉變，即順應變轉之點而發勁，這是拿住對方勁路的高級技術。

陳式推手原來在退步用攦勁以化開對方擠勁或靠勁時，蹲身下坐，而身法仍然中正不偏，達到前足腿肚著地，足尖翹起，隨勢起落（由於前足延伸及遠，可以起到管住對方雙

足的作用，使用跌法時備極精巧）。但這樣低的架式，一起一伏，一來一往，腰腿的運動量極大，因此，非從幼年練起是不易做到的。現在一般以不蹲身下坐為原則，使更適合於大眾化。

四、太極拳推手是陰陽兼備的

我國古代哲學家認為，世界上存在著兩種互不可分而又互相對抗的力，即陰和陽。二者是萬物變化和發展的根源，陰陽的和合是矛盾對立面的轉化和統一。

太極就是包含陰陽二種力量的一種陰陽學說。陰陽代表著動靜、剛柔、虛實、輕沉、迅速等等對立的事物，對於對立兩方面的關係，兩者是有著相互依存、相互制約、相互為用的統一關係的。

太極拳採用陰陽學說為理論基礎，要求動靜、剛柔、虛實、輕沉、迅速兼備，又要陽不離陰，陰不離陽，陰以陽為主，陽以陰為根，達到剛柔摩盪，陰陽相濟的懂勁地步，進一步要求達到忽陰忽陽，陰陽無跡可尋的「神明」階段。因此練習太極拳和推手，不能偏於柔，也不可偏於剛，要陰陽相濟。凡是偏於柔的僅得太極的一面，只能稱為柔拳，不能稱為太極拳；偏於剛的，只能稱為剛拳，也不能稱為太極拳。凡是能柔能剛，有輕有沉，虛實兼到，急應緩隨，動靜合宜的才是完整的太極。

「極柔軟，然後能極堅剛」，「運勁如百煉鋼，無堅不摧」的古典太極拳論，正確地說明了練太極拳需發展柔的一面至極度，同時也需發展剛的一面至極度，剛柔摩盪，錯綜

變化，才能像《周易·繫辭》所說：「變動不居，周流六虛，上下無常，剛柔相易，不可為典要，唯變所適。」要提升太極拳推手的技術，陽剛陰柔必須兼備，才能最後求得「化勁鬆淨，發勁乾脆」的能化、能發的全面的高級技術。

五、推手動作要領

（一）身　法

推手時必須立身中正，不偏不倚，虛領頂勁，氣沉丹田，尾閭正中，襠勁滿足，沉肩墜肘，含胸拔背，上下相隨，頭頂百會穴與襠內會陰穴始終保持垂直線（「上下一條線」），脊柱要節節鬆沉而又虛虛對準，腰部要鬆沉直豎，要微微轉動，不可軟塌，不可搖擺；使身法在任何變換時保持中正，能八面支撐；脊柱骨節和胸背肋骨節節鬆沉，而意往上翻（內勁由襠中上翻至背脊，謂之「氣貼背」、「力由脊發」、「主宰於腰」），忌前俯，左歪右斜，尤忌後仰；手腿前去時，腰脊命門穴往後撐，襠勁須下沉，這和練拳的要求一致。以腰脊命門穴（後丹田）為調節全身平衡的軸心，並作為主宰於腰的爆發力的來源，我們在實踐中證明它是練好推手技巧的關鍵。

身法虛實的變換，關鍵在以腰脊命門穴為軸心的左右腰隙（兩腎）的抽換；腰隙向左抽則左實而右虛，腰隙向右軸則右實而左虛；以腰脊命門穴為軸的左右兩腎抽換（外形是兩腰側的抽換）變化虛實，是全身總虛實的所在，也是「源動腰脊」、「內動不令人知」的訣竅所在。

太極拳在上述身法的要求下，運用「沾、連、黏、隨」，以不丟不頂，不匾不抗為原則，彼按我掤，彼擠我攦，只此掤攦擠按四字，循環無窮，更須認真分清勁別，長期練習，循規蹈矩，打好圓滿柔順的穩固基礎。

太極拳與推手都是首先注重身法，身法端正始能制人而不受制於人，身法乖離則處處授人以隙，何能制人？所謂「其身正，不令而從；其身不正，雖令不從」，就是這個道理。太極拳與推手，以虛靜為極致，以身法中正為基礎，虛則無所不容，靜則無所不應，身法中正則既能八面支撐，也能八面轉換，上下四傍，轉接靈敏，故太極拳與推手的傳統理論都強調時時中正。陳家溝著名拳師陳長興（1771–1853）以立身中正著名，當時人們稱作「牌位大王」。陳式拳家以立身中正為第一要義，直接從陳式發展而來的楊武兩式拳家也嚴格遵守這個規定，值得我們研究其原理所在。

（二）手　法

初學推手時，纏絲轉圈要寬大，，力求圓滿柔順，無有凹凸、缺陷、斷續和頂抗之處（參見第一章第三特點），動作要慢不要快，快則處處容易滑過；功夫加深後逐漸將圈收小，能慢能快，適合「動急則急應，動緩則緩隨」的要求。

肩關節始終要鬆柔圓活而下沉，肘節始終要下墜，用意貫注。進攻引化始終要手臂鬆柔，用意不用力，才能靈活無滯，使對方不易覺察我之動向。脊柱鬆沉，骶骨有力，襠勁下好，自然穩重而又靈活。凡此種種，始終貴乎嚴謹。

引化進擊的訣竅在於內勁不令人知，意在人先，黏著點的作軸心旋轉，逐步求得「先引後進」、「半引半進」、

「即引即進」的技巧。陳鑫所謂：「兩手轉來似螺紋」，「胳膊令其骨轉，方能以真勁引動」，使對方「欲進不得勢，欲退不敢，此引進之妙境之也」。「先引後進」是引化來勁使落空而後進擊；「半引半進」是肘以上臂部稍後退，下丹田（小腹）稍前進，肘以下至腕掌隨之前進，成蓄吸之勢而發呼；「即引即進」是小圈轉頭，乾脆直射，陳鑫所謂「虛籠詐誘，只為一轉」，亦即截其來勁之法。一面練拳，一面推手，校正手法、身法、步法和眼法；進攻退化，上下相隨，使一一合乎太極拳鍛鍊要領；明規矩而守規矩，脫規矩而合規矩；堅持原則，不以勝負為念，不妄用拙力，才能發展技巧。

從鬆靜、輕柔入手，與練拳同一步驟；功夫日久，周身合一，由鬆靜、輕柔而漸入沉著，兩肩鬆柔靈活，兩肘尖下沉，前手去，後手跟；一手回，另手隨，「兩手轉來似螺紋」。兩手管住對方兩手，控制其關節（腕節為梢節，肘節為中節，肩節為根節），使不易活變。其中尚有擒拿之巧，黏隨不脫，手中似柔非柔，似剛非剛，外如棉花，內如鋼條，能運用引進落空的方法，然後講究放勁；小圈轉關，乾脆直射（陳鑫說「虛籠詐誘，只為一轉」），如電光猛閃，其快無比。凡此皆是用意，不在外形，彼之勁方挨我皮毛，我之意已入彼骨裡，處處意在人先，則不致丟頂硬撞，不致徒恃血氣之勇，也不致誤於只求輕靈而不求內勁的充沛（正如陳鑫所說「即擒即縱纏絲勁，需於此內會天機」）。

此後愈練愈細密、靈巧，隨機應變，渾身輕靈，挨著何處何處動，處處能曲線柔化，處處能直線剛發，曲中求直，蓄而後發，蓄發從心所欲。

(三)步　法

動步要輕靈，兩腿要分虛實，又要虛中有實，實中有虛，虛實相互滲透，使變化得以靈活。兩腿分清虛實，關鍵在兩胯關節的抽換，兩胯關節的抽換，與腰隙的抽換相一致，亦即步法要隨身法的變換而變換，將欲邁左步，腰隙先右抽落實，氣沉右腹側，右胯關節隨著內收而下沉，右足為實，而後左足邁出；反之亦然。

步法又要與手法相呼應，務使上下相隨。所謂「上於兩膊相繫，下於兩腿相隨」，又須使手足有相吸相繫之意。手與足合，肘與膝合，肩與胯合的外三合必須注意，使上下完整不亂。動必進步，進必「套插」。套是前足管住對方前足外側，插是前足插於對方襠步中間。套封插逼，足進肩隨，大攦大靠（適用採捋肘靠四勁）之法，即在其中。

套封插逼是推手時使用跌法的下體管腳佔勢的方法，膝節的內扣和外撇，有著以彈簧勁打動對方樁步的作用，也有消化對方以膝節打動我樁步的作用。

陳鑫說：「拳中惟是要跌法，不明跌法身徒勞。」跌法在陳式推手中現仍繼續保持。兩腿的虛實要靈活變換，又要塌腰落胯，實腿勁纏繞下沉如深植地中，使能在運化時樁步穩固，不因被逼、被引而破壞身法；黏化還擊時，胯先下沉，弧形微往上而向前進逼，與手法螺旋形動作相一致，才能在放勁時更好地利用地面反作用力，能使勁起腳跟，注於腰間，通於脊背，形於手指。

推手時，意要連，形要連，將欲放勁，步須暗進，勝在進步，不敗在退步；身手步必須上下相隨；進手而不進身，

身手進而不進步，不但黏封不成，放勁浮而不沉，不能連環放勁，而且也易於被對方牽動。放勁時，身、手、步和眼神須一齊俱到，膝尖、足尖、鼻尖、手尖和眼神須對準同一方向，使力點集中。

(四)眼　法

各家拳法，以眼神為尊，發令者在腦，傳令者在眼神，精巧處全憑眼法。我之意能入彼骨裡，全憑於眼力之能「敵情預曉」，所謂「一眼看透」。古拳家還重視「先以眼法懾服對方」；引勁發勁之變化，意在領先，目光亦隨之變換，身手步隨目光之動向而轉換。將欲往上打，必先寓往下之意，目光也需先微往下視而後往前往上直射，則發勁動向正確而意遠勁長。控制對方勁路以何手為主，則目光需視其處。目光絕不可與動向有偏差。

放得人出，目光仍須前注，始有「一克如始戰」，「勁斷意不斷」，「神氣不令割斷」，「放勁如入木三分」之作用。眼神則須兼顧周身上下，故目光宜有專注，而眼神絕不可呆視，必須如捕鼠之貓的眼神。或以為太極拳精巧處在觸覺靈敏，不重視眼法之運用，有的甚至偏頭旁視，表示專在手上聽勁，這是誤解。須知，視覺、聽覺和觸覺是有機配合在一起的，不是乖離的。

(五)沾連黏隨

推手時不僅雙手要沾連黏隨，身法、步法也要有沾連黏隨之意，不先不後，協同動作。這是動作上做到上下相隨，周身一家的表現。形要連，意要連，隨人之動而伸縮進退，

能不丟、不頂、不匾、不抗，這叫做「懂勁」的功夫。

懂勁是由「捨己從人」而來的，處處能察覺和順應客觀的變化規律。能在虛實上做到上下相隨，則進攻退化就能捨己從人和圓轉自如；從人而仍然主宰在我，不失我之中正不偏，就能制人而不受制於人。這是手法、身法和步法達到沾連黏隨的功用。

運化首先在腰腿，次在胸，又次在手。因此說：「緊要全在胸中腰間運化」，「有不得機得勢處，身便散亂，必至偏倚，其病必於腰腿求之，上下前後左右皆然」。其中纏絲式螺旋的屈伸往來，為「引進落空合即出」的主要作用。手在黏著點不離支撐面，作軸心運動的旋轉，可以圓轉自如，從黏化中預知對方虛實。

身手黏著點的掤勁作用，即是「讓中不讓」的妙用，黏化中不失我之機勢。放勁時手不超越足尖，勁力能沉透，己身也不失重心，可以保持「八面支撐」的蓄勢，然後能「滔滔不絕」，勁不中斷，並能連環放勁。

陳式推手既要求做到不使對手觸及己身，而己能控制對方重心，又要求做到敢於使對手貼近己身，達到搭手即有辦法，近身亦有辦法。沾連黏隨的功夫，在手上，亦在身上。搭手微引即發勁是一法，搭手引使近身，受而制之，制而摧之；以身受手，使對方一手或雙手置於無用之地，而我手盡可活變，此又是一法。遠不怕，近不怕，能遠能近，能蓄能發，能柔能剛，則盡到了推手之能事。

推手到懂勁階段，運勁要忽隱忽現，似有實無，似無實有；功夫純粹者，隨人的勁力動向，能黏走絲毫不差。內勁潛移默化，意在人先；人不知我，我獨知人；但依著何處，

即向何處放勁（陳鑫說：「依著何處何處擊，無心成化如珠圓，此是本地風光，最難最難」）。隨感而應，自然就能不泥於掤攦擠按採挒肘靠八法、八勁；這是由沾連黏隨到達懂勁階段，進而達到觸處成圓，能化能發的「階及神明」的功夫。總的原則是彼以剛來，我以柔應，柔中寓剛，令人難防，時時存一片靈機，處處與對手密貼，黏走相生，意在人先。

（六）一身備五弓

陳仲甡說：「渾灝流行，自然一氣。輕如楊花，堅如金石。虎威比猛，鷹揚比疾。行同乎水流，止侔乎山峙。消息在不即不離之間，精神在引而未發之際。」武禹襄在《太極拳論》中也說到：「靜如山岳，動若江河。」「靜如山岳」是表示定勢時的穩定沉重，嚴整有力；而靜中有預動之勢，謂之「視靜猶動」，也就是「精神在引而未發之際」；「動若江河」是表示動作時波浪起伏，滔滔不絕，形成虛實的變換靈動，不斷的弧形走化，不斷地直進黏逼，而變轉時仍然周身規矩合一，謂之「視動猶靜」，也就是「消息在不即不離之間」。佚名氏的《十三勢行工歌訣》所說的「靜中觸動動猶靜，因敵變化是神奇」，都是闡發了推手時需「靜如山岳，動若江河」的周身一家，完成「蓄勁如張弓，發勁如放箭」的要求。在陳武兩家的口授訣竅中，全身整體勁的蓄發相變是需要「一身備五弓」的，今試綜合陳武兩家「一身備五弓」的具體操作方法，扼要地敘述如後。

一身備五弓指的是身軀猶如一張弓，兩手為兩張弓，兩足為兩張弓。五弓合一，即為全身的整體勁，「靜如山岳，

動若江河」，能蓄能發，滔滔不絕。

身弓以腰為弓把，臍後腰脊命門穴始終以意貫注，中定而不偏倚搖擺；放勁時命門穴須往後撐，「暗門」（頸椎第一節）和尾閭骨為弓梢，上下對稱，調節動度，加強其蓄吸之勢（武式的身弓，以大椎為弓梢之一，較「暗門」的調節動度為小）。身弓備，則腰部柔韌中定而下沉，上於「暗門」處豎，大椎微微鼓起有上提之意（即拔背、氣貼背的作用）；下於尾閭骨前送而內勁有上翻之意。尾閭骨要前送，則無突臀之病；臀又要有上泛之意，則內勁自襠中上翻，經脊背至頭頂而下，氣落丹田，日久任督二脈自然接通。

手弓以肘為弓把，以意貫注於肘節，使沉著鬆靜而有定向。手腕和項下鎖骨為弓梢，弓梢必須固定，前後對稱。手在鬆柔靈活中用「坐腕」來固定（掌根微微著力而下沉，腕節柔而不軟謂之「坐腕」）。鎖骨用意來固定，不使偏倚搖擺，鎖骨管著兩手的動向，鎖骨的固定是兩手固定的前提。

足弓以膝為弓把，胯骨與足跟為弓梢。足弓備，則膝節有力而微前挺，胯骨鬆沉而後撐，足跟下沉而勁往上翻，腰腿之勁自然相順相隨，是謂「有上必有下，有前必有後，有左必有右」，相反相成，對拉勻稱，自然能勁起腳跟，主宰於腰，通於脊背，形於手指。

五弓以身弓為主，手弓足弓有輔，是以腰為軸，上於兩膊相繫，下於兩腿相隨，上下相隨，中間自然相隨。每站一勢，五弓具備，形成八面支撐的蓄勢。源動腰脊，周身勁整，就能「機由己發，力從人借」，弧形走化，直線發勁，蓄發相變，滔滔不絕。功夫極深者，觸處成圓，但依著何處即從何處放勁。

五弓合一是內外整體勁的具體規定。練拳和推手都應該一動勢即五弓具備。五弓合一則「靜如山岳，動若江河」，「立身須中正安舒，能八面支撐」，「勁以曲蓄而有餘」，「曲中求直，蓄而後發」之勢即可呈現。

（七）發勁的提合蓄與放開發

練習推手，宜先認真練習掤攦擠按四手，力求柔順圓滿，周身一家；先學柔化，後求發勁。發勁應力求使對方雙足離地，向後（也可向左或向右）向上騰空擲出為佳。練習發勁階段，須研究提放結合呼吸的方法，使吸蓄得足，呼發得透；吸得足以見其巧，發得透以見其妙；能蓄得巧，始能發得妙。

吸為提、為合、為蓄，呼為放、為開、為發。平時，須單練和雙練提放的方法。單練是抽出幾個拳勢正面、反面地連續專習蓄發；胸、肩、背、胯、臀等部的震彈力，都需單練純熟，要哪有哪。雙練是研究蓄發勁正確程度的「喂」法。放勁須集中而猛透，尤須速沉，使發勁極為刻入而銳利；動貴短，意貴遠，勁貴長，集中則專注一方而力透，速則乘勢而不致失勢，要去就去，不犯猶疑之病，則對手不易變化；沉則制住其力，使不得活變；動短則一觸即發，彼不及走化，而己跌出。

功夫高妙者，能使對方不見其動，而已騰空擲出。意遠勁長，則放人彌遠。功夫純粹者，動之至微，引之至長，發之至驟，吸則自然能提得起人之腳跟，利其反力，動其重心；呼則自然能沉得下，放得人出而乾脆。吸提時氣沉小腹（下丹田，中極穴），呼放時部份氣呼出，部份氣下沉於小

腹，部份氣移行於臍部（中丹田、神闕穴），呼氣時半吐半沉，才有餘不盡，滔滔不絕。上丹田在百會穴，始終虛領頂勁，以保持吸提、呼放時的立身中正。

近代太極拳的高手如陳發科、楊澄甫等，運化時輕柔圓活，毫不受力，使對方失去平衡，有凌空失重之感；放勁時由於速度快，落點準，內勁足，黏著點突然放勁，對方不及感覺，無從運化，即已騰空擲出，達到了蓄發相變的高級技巧。

（八）呼吸與方圓剛柔

呼吸往來的運用，不出於方圓互變和剛柔互換。黏連密貼，接轉柔化為圓；得時得位，剛勁摧迫為方；勁的纏繞為圓，發放為方。黏隨勁如膠如漆，就是從螺旋的向心、離心加速度所產生的摩擦而來。黏隨面的核心點，就是螺旋的軸向線上的一點。

順旋為離心力的作用，逆旋為向心力的作用。順旋逆旋的錯綜變化，越是細微靈巧，「屈中求直」，「蓄而後發」，則圓中有方、方中有圓的運用就越顯示其精妙。

《打手歌》的「引進落空合即出，沾連黏隨不丟頂」，很完美地說明了呼吸與方圓剛柔的作用。發勁時，「屈中求直」，外方而內圓，曲蓄有餘，滔滔不絕；呼則身肢開展為方，吸則身肢緊湊為圓，隨方就圓以往來；吸則提勁為柔，呼則放勁為剛。最高的要求為速戰速決，因此也要養成一吸一呼而勝負立判的技術，得陳氏之傳的楊班侯就主張「一哼一哈，勝負立判」。因而由於呼吸就影響到方圓剛柔的互相變化，漸至呼吸練得極其自然時，雖絕不用力，卻可以提之

使來不得不來，放之使去不得不去；捨己從人而擒縱在我，捨己從人而仍然由己；擒縱在我為由己，由己而仍然從人。

如此運動，就能表現為不斷的方而圓、圓而方，使得其環中以應無窮。內中質量是剛而柔、柔而剛，忽柔忽剛，亦柔亦剛，等到剛柔無跡可尋，方圓無形可見，是為推手中達到妙手的境界。

陳仲甡《詠太極拳》絕句云：「動靜無端隨勢轉，引進落空任人來，若非太極圖中得，那有神機抱滿懷。」功夫達到這種「階及神明」的階段，呼吸自然合拍，剛柔方圓不但兼備，亦無形跡可尋，渾然一太極圖圓象。

（九）內勁在推手中的作用

內勁是蘊於內的一種勁（參見第一章），是太極拳學派專用的一個名詞。它是從「神舒體靜」的鬆柔中以意貫注而鍛鍊出來的一種「彈勁」和「韌勁」。柔中有剛為彈勁，剛中有柔為韌勁。所謂「柔裡有剛攻不破，剛中無柔不為堅」，辯證地說明了彈勁和韌勁的特性及其對立的統一性。

內勁具有「神以知來，智以藏往」的特點，隱於內而不顯於外，隨人之動而不斷改變方向，不丟不頂，絲毫不差，內動不令人知，故稱為「內勁」。

內勁充沛，彈性和韌性就足。這是太極拳套路和推手相結合所產生的一種獨特的勁。太極拳內勁的實質和運行，陳鑫認為是以意行氣，輕輕運動，發於丹田，運於骨縫之內，再由骨縫內運於肌膚，貫注於四梢（兩手指，兩足尖），復歸於丹田，纏繞往來，輕靈圓轉，逐漸產生一種棉軟而又沉重，外似棉花，內如鋼條的一種內勁。

功夫越深，內勁的質量越高，得陳氏老架、新架之傳的武禹襄形容這種勁為「似鬆非鬆、將展未展」，「行氣如九曲珠，無微不到」，「運勁如百煉鋼，無堅不摧」。

　　內勁是潛移默化地在螺旋式地旋轉的，它像水銀似地流動極為快速；在外形上看，它是輕靈而不流於飄浮，沉著而不涉於呆滯，富有纏綿曲折的意趣。內勁主要是從練拳架中鍛鍊出來的，它是極為沉重而又極為虛靈的一種渾厚靈活的勁。推手時如果沒有內勁，即使已做到一身備五弓，掌握了呼吸蓄發的有機聯繫，仍然是不可能將對方「引之使來，不得不來，放之使去，不得不去」的。陳鑫說：「但引而不擊，有順勢牽之使進，以抖他人之勁；抖足則其勁自散，全體無力，欲進不得勢，欲退不敢，此引進之妙境也。」這種抖勁即來源於充沛的內勁，也說明了太極拳纏繞運轉時之需要內勁，是和推手的實踐有關係的。

　　推手如果單憑觸覺靈敏，而缺乏一種渾厚輕靈的「極柔軟，然後能極堅剛」、「運勁如百煉鋼，無堅不摧」的內勁，則等於有被動而無主動，有輕武器而無重武器，就很難引動對方，放勁乾脆；相反地，易被對方所引動。

　　太極拳陰柔輕靈的一面，譬之和風細雨，太極拳陽剛沉著的一面，譬之雷霆萬鈞，兩者兼備互用，才得「太極兩儀，有柔有剛」之全。陽剛陰柔兩者的融渾無間，即兩儀的仍歸太極。凡偏剛無柔的須防跌失，偏柔無剛的，難臨強敵。一舉動，輕柔重剛齊發的，處處能控制對方重心，使失去平衡，處處能越過對方防守點輕靈地進逼，使對方不知我手從何而來，達到「出手不見手，手到不能走」的境界。才是太極拳的妙手。

內勁即包含有柔化剛發的陰陽渾淪的全體大用。陳鑫說：「若是功夫純熟，由其大無外之圈，造到其小無內之境，不遇敵則已，如遇勁敵，則內勁猝發，如迅雷烈風之摧枯拉朽，孰能當之。」纏絲勁的沾連黏隨如果沒有充足的內勁，出手就沒有威力，化也化不好，發也發不好；想引動對方則不能起作用，就不能得機得勢而制人；想化動對方來勁，又容易被壓匾而身法被破壞，因之處於失機失勢的被動局面而受制於人。陳鑫指出：「氣不由中心丹田而發，則氣無所本而失於狂妄，必至失敗。此內勁之不可不研練也；果能研練至此，則神乎其技矣。」

內勁是無定向，又有定向的，「無定向」為「圓」，「有定向」為「方」，二者互變，互為其根，它是「剛柔兼至而渾於無跡」，是靈活善變的。但是必須方法對頭，太極兩儀的剛柔虛實必須兼備，加上不斷地苦練，才能功夫上身，漸臻精妙。空談「引進落空」，「四兩撥千斤」而功夫不上身，剛柔不兼備，所謂「拳無功，一場空」，是經不起推手比賽的考驗的。

陳鑫說：「善變無形並無窮，無窮功夫在百練；不疾而速得真宰，如此方稱太極拳。」推手時以纏絲勁的沾連黏隨為靈魂，但又需以剛柔具備的內勁為統帥，這是前輩太極拳家的訓練原則，極為辯證地貫徹了太極的含義。

纏絲勁裡有內勁的貫注，方能起到「能匯萬法為一，能衍一法為萬」的作用。著為法，法有萬千；以一法制一法，等於一把鑰匙開一把鎖。勁貫著中，勁為剛柔兼備的一種內勁，一以貫萬，以簡馭繁，等於掌握了總鑰匙。所以王宗岳說：「雖變化萬殊，而唯理一貫。」「變化萬殊」是著法，

「唯理一貫」是「沾連黏隨不丟頂」的剛柔、虛實俱備的「似鬆非鬆」、「就屈就伸」的內勁。太極拳著重內勁，得其一而萬事畢。醫療性、娛樂性的推手不必講求內勁，但作為競技性的推手，必須講求內勁。

六、《太極拳論》在原則上對推手的指導作用

《太極拳論》是太極拳理論方面的經典著作，對推手也是一種很好的理論指導，細心研究其內容並用它來指導練習推手，則可得事半功倍的效果。

（一）太極拳推手功夫的四項基本原則

（1）《太極拳論》中說：「太極者無極而生，動靜之機，陰陽之母也；動之則分，靜之則合。」古時所稱「太極」，是對立統一的象徵，是一切動靜的樞機，由太極生陰陽，如順逆、柔剛、輕沉、圓方、虛實、開合等皆屬此。運動時充分利用了離心力和向心力，因此動之則分，靜之則合；分為陽，合為陰。陳鑫說：「太極兩儀，天地陰陽，闔闢動靜，柔之與剛」，就是指這種規律。這種矛盾存在於推手的整個過程中，並貫串於每一個動作過程的始終。因此推手的第一個基本原則，就是要它符合事物運動的矛盾法則，即「矛盾與開合」。

（2）推手時雙方搭手對練的過程，也是不斷產生矛盾和解決矛盾的過程。《太極拳論》中所說「無過不及，隨曲就伸」，就是指動作必須符合下列四點：

推手功夫四項基本原則

序號	基本原則	具體做法
1.	矛盾開合	動作要開中寓合、合中寓開以達到矛盾對立的統一
2.	沾黏連隨	要做到提上撥高，留戀繾綣，捨己無離，彼走此應
3.	急緩黏走	使行動黏即是走，走即是黏和動急急應，動緩緩隨
4.	實踐與理論一致	鑽研前人經驗和自己多下功夫相結合

①必須「無過」；無過呼為「沾勁」，過則呼為「頂病」；

②必須「能及」；能及呼為「黏勁」，不及呼為「匾病」；

③必須「隨曲」；隨曲呼為「連勁」，不隨而曲呼為「丟病」；

④必須「就伸」；就伸呼為「隨勁」，伸得太早，呼為「抗病」。

推手的一切過程都要求具有「沾黏連隨」四功，不發生「頂匾丟抗」四病。陳鑫說：「沾連黏隨，會神聚精，運我虛靈，彌加整重」。所以第二個基本原理是**「沾黏連隨」**。

(3)《太極拳論》中說：「人剛我柔謂之走，我順人背謂之黏；動急則急應，動緩則緩隨；雖變化萬端，而理為一貫。」這是為了做到四功，避免四病的措施。這就是說，人剛則我柔，用「走」以引之。這是被動局面下的「卷合」運用。同時，為了問勁，運用順遂的勢和勁，迫使對方成為

「背」，轉化為我剛人柔，用「黏」以逼之。黏走時，對方動急則急應之，動緩則緩隨之，這樣就可有四功而無四病。陳鑫說：「前後左右，上下四旁，轉接靈敏，緩急相將。」所以第三個基本原則是**「急緩黏走」**。

(4)《太極拳論》中說：「由著熟而漸悟懂勁，由懂勁而階及神明，然非用力之久，不能豁然貫通焉。」在推手時熟練地掌握了面前三個基本原則後，就可領悟人勁，探測對方的動向，所謂懂得人勁。到此時，可信手而應，達到自動的「神明」境界。這是多年反覆揣摩、實踐和理論研究最後得到豁然貫通的結果。所以，第四個基本原則是**「實踐與理論一致」**。

(二) 怎樣安排自己來運用四項基本原則

《太極拳論》中說：「虛領頂勁，氣沉丹田；不偏不倚，忽隱忽顯；左重則左虛，右重則右杳，仰之則彌高，俯之則彌深；進之則愈長，退之則愈促；一羽不能加，蠅蟲不能落；人不知我，我獨知人；英雄所向無敵，蓋皆由此而及也。」因此，為了運用四項基本原則，就必須按照上列拳論做好下列六點：

(1) 頂勁要虛虛領起，則精神自然提起。同時氣向丹田下沉。由於上領下沉，即使身軀放長而產生彈性成為掤勁。陳鑫說：「沿路纏綿，靜運無慌，肌膚骨節，處處開張。」若是硬邦邦的僵勁，就會失去掤勁，也就不能再通過沾黏去求懂勁。

(2) 立身須中正安舒，具有支撐八面之勢，使推手時身軀不致偏於一邊或依賴於對方身手之上，以免己勁為人所

四項基本原則的具體運用

1	虛領頂勁，氣沉丹田	需在精神提起，氣向下行和全身放長之下實現
2	不偏不倚	要立身中正，支撐八面，尾閭正中神貫頂。
3	忽隱忽顯	隱則柔，顯則剛；忽隱忽顯，剛柔相濟。
4	左重則左虛，右重則右杳	兩手分虛實，兩足分虛實；一手一足上下相隨地分虛實
5	仰之彌高，俯之彌深；進之愈長；退之愈促	左列四項，必須遵照進行，切不可背道而馳，它形容沾黏連隨的方向
6	一羽不能加，蠅蟲不能落	輕靈得一羽不能加，旋轉得蠅蟲不能落
7	不為人知，善能知人	黏即是走，走即是黏，人不知是黏是走；黏的引進，走的落空，通過黏走，得以知人

懂。若偏於一邊，就不易順遂地運用黏走功夫。

（3）在神氣內隱則柔、外顯則剛的前提下，推手時要具有忽隱忽顯的剛柔變換作用，這正是求懂勁過程中不斷問勁的表現。

（4）推手時要求做到兩手有虛實，兩足有虛實，一手一足上下亦要分虛實，形成處處皆有此一虛一實。陳鑫說：「虛實兼到，忽見忽藏」；「實中有虛，人己相參；虛中有實，孰測機關」。待虛實的轉換熟練後，只要注意一手，其他一手兩足由於上下相隨，自然也就能隨著靈換。所以陳鑫又說：「千古一日，至理循環，上下相隨，不可空談。」這是問勁、化勁和得到懂勁功夫的基礎。

（5）對方仰來則高以引之，使有高不可攀之感而失重心，對方俯來則愈向下引，使有如臨深淵，搖搖欲墜之感；對方進迫則愈引愈虛，使有長不可及之感，對方退走則黏逼使有迫促之感。這是符合沾、黏、連、隨的化勁與發勁要求的，這樣就可避免發生頂匾丟抗四病。

（6）推手時精神需提起，這樣周身才能輕靈貫串，並要輕靈得具有「一羽不能加」的敏感。同時要螺旋式纏絲地不斷變動，要旋轉得形成「蠅蟲不能落」的氣勢。若動作表現出遲重不靈，則不易懂勁；若運勁而沒有纏絲，則失去化勁，也失去半化半進、明化暗進、即化即進的纏絲勁技巧。沒有化勁，就變成比力，就不成為太極式的推手了。能化而不能發，能柔而不能剛，剛柔不能相濟，都非太極兩儀之全。

具有上列六項功能，就能貫徹推手的四項基本原則，達到懂得人勁而不為人懂的功夫，使比賽能處於不敗之地。

（三）太極拳推手要求人力克制自然

《太極拳論》中說：「斯技旁門甚多，雖勢有區別，概不外乎壯欺弱，慢讓快耳。有力打無力，手慢讓手快，是皆先天自然之能，非關學力而有為也。察四兩撥千斤之句，顯非力勝，觀耄耋能御眾之形，快何能為？」可見，太極拳推手不是比力而是比技巧。

「壯欺弱，慢讓快」那是自然的本能，不是技巧的功能。所謂技巧，則是順應自然以克制自然，達到「弱勝壯，慢勝快」。自然界中的槓桿黏點和螺旋轉化的原理，就具有「四兩撥千斤」的功能。

1	立如秤準	全身具有一定的掤勁，在立身中正之下才能達到，如水平儀一樣的平衡。	用這樣身法探觸對方、輕重浮沉莫不顯然可辨。
2	活似車輪	在腰脊作中軸和兩膊相繫之下，活動的關鍵，在上下虛實相隨	活似車輪的另一個作用，是當對方要勁時則順纏以給之，若對方給勁時，則逆纏以受之。

　　推手利用了這種原理，就可揉化一切重力，呼為化勁。有此化勁功夫，就可以輕制重。同時，太極拳的運勁是運用了離心力，並以腰脊作中軸，使一切動作皆走內圈；走內圈，雖「線速度」較慢，而仍可勝過走外圈的快，這是「後人發，先人至」的緣由，也是慢勝快的關鍵所在。

（四）如何防止「雙重病」

　　《太極拳論》中說：「立如秤準，活似車輪，偏沉則隨，雙重則滯，每見數年純功不能運化者，率自為人制，雙重之病未悟耳。」所謂雙重病，就是指推手過程中雙方僵持不動的病象。這是由於姿勢上和勁別上發生了頂抗所形成的。為了解除此病，在身肢上必須「立如秤準」，在步法上必須「活似車輪」。所謂秤準，就是頭如準頭，腰如根株，兩膊相繫地掤著如兩盤，使自己形成似一架水平儀一樣的身法。用這樣的身法探觸對方，則對方的輕重浮沉莫不顯然可辨。若偏沉於己，則走以引之；若偏沉於彼，則黏以隨之；這是身法上立如秤準的功用。

在防止雙重病過程中達到懂勁的功夫

序號	怎樣避免雙重	怎樣得到懂勁的功夫
1	須知陰陽	要知道對方動作的來龍去脈和勁的大小，必須做到黏走的統一，如緩速、輕沉、剛柔等，這是懂勁的基本方式。
2	黏即是走 走即是黏	這是推手的中心環節，它體現了收即是放、放即是收的原則。要求在黏走中如玉環的無端。若不能黏走相生，推手就無真懂勁可言。
3	陰不離陽 陽不離陰	黏走是線路，陰陽是質量。它的具體表現是慢快相間、柔剛相濟、圓方相生、輕沉相易、虛實相應、開合相換。凡此種種，皆攝於黏即是走、走即是黏的具體動作之中。

上部兩膊相繫的旋轉，下部兩腿相隨的變換，猶如一架水平儀裝在球形車輪上，可以左右、前後、上下地旋轉。步隨身轉，身隨眼動，眼身相隨，則旋轉進退自如，這是步法上活似車輪的成果。因此，能引能隨，則身法和步法就可避免雙重的病象。

（五）要求在避免「雙重病」中達到懂勁

《太極拳論》中說：「欲避此病，須知陰陽；黏即是走，走即是黏；陰不離陽，陽不離陰；陰陽相濟，方為懂勁。」要防止雙重病，就勁別上說，首先必須了解黏即是走和走即是黏的道理，以達到黏走的統一。黏走的統一是由纏絲而來的；統一了黏走，就可隨時互變，併靈換黏、走的方向。在此變更的一瞬，呼為「聽勁」①。聽勁是用觸覺和內

體感覺來探測對方勁的動向：彼微向後左或後右，就立即採用順纏的黏；彼微向己左或己右，則立即採用逆纏的走。這是「彼不動，己不動；彼微動，己先動」的要求。由於黏走統一，遂形成陰陽相濟，由於沾黏連隨，遂得到懂勁的功夫。這是由避免雙重轉而求得懂勁的妙用。

（六）懂勁後的「神明」階段及捨己從人的界線

《太極拳論》中說：「懂勁後，愈練愈精，默識揣摩，漸至從心所欲，本是捨己從人，多誤捨近求遠。所謂差之毫厘，謬之千里，學者不可不詳辨焉。」在熟練的基礎上，就須進一步作理論上的研究，通過客觀的摩到主觀的揣，使主客觀得到統一。由實踐練得的動力定型漸至從心所欲，以達到自動化的「神明」階段。這是推手最高的功夫。

到此階段，尚需辨明捨己從人的界線，以求達到正確的運用。推手要求捨己從人，這是產生沾黏連隨的基本要求。但從人須有分寸，不能一味盲從，其原則是：「從近不從遠」。遠則孤軍深入，使自己出了方圓。這是給人利用以制己，是授人以柄。陳鑫說：「敵如詐誘，不可緊追；若逾界限，勢難轉回，況一失勢，雖悔何追。」這就是說，在這方面差別雖小，但對最後的得失卻是關係甚大的。

---

①所謂聽勁，乃是由皮膚的觸覺和內體感覺來探測對方勁的大小、長短和動向的意思。

第五章
陳式太極拳拳論

　　陳鑫關於陳式太極拳理論留有許多著作，他曾逐勢詳解理法和運勁，成為陳氏累代專門之學。但陳鑫闡述的理論散見於各篇，不夠系統，也不夠集中。作者（顧留馨）素愛太極拳並窮究其理，故由他從幾本書中分類摘錄陳鑫的拳論，以便練拳時參考和揣摩。

　　下面分類摘錄的拳論，所根據的主要是陳鑫所著《陳氏太極拳圖說》及陳績甫所著《陳氏太極拳匯宗》，一書中陳鑫的著作部份。後者校對粗疏，誤字漏字較多，幸獲有李劍華老先生根據原稿（原名《太極真詮》）的抄本，得以校正了文字，庶幾無誤。

　　太極拳在一、二百年前也是一種技擊性拳術，故古拳論中有許多部份是以陳式老架動作為例，從技擊角度出發來加以論述的。

　　本書為了便於研究和整理太極拳理論，特別是為了推廣太極拳推手，這些拳論也酌情選用了，尚希讀者批判接受，做到古為今用。

陳鑫傳略

　　陳鑫，字品三（1849—1929），河南溫縣陳家溝人。祖父陳有恆、叔祖陳有本，俱以家傳太極拳著名。有本並創造陳氏新架。父陳仲甡（1809—1871），叔陳季甡（1809—1865），有恆中年溺於洞庭湖，仲甡、季甡遂改從叔父有本學拳。

　　仲甡猿背虎項，魁偉異於常兒，三歲即習武，及長與弟季甡同入武庠。咸同年間，陳家溝拳家以仲甡、季甡與陳長興（1771—1853）子耕雲為功夫最好，仲甡能運使鐵槍重三十斤作戰，尤稱武勇。陳鑫和兄垚從父習拳。垚十九入武庠，每年練拳萬遍，二十年如一日，故功夫純厚，軀幹短小，不知者不信其能武，嘗與縣衙護勇鬥，連擊六、七人踣地，餘皆畏怯循去。

　　鑫自幼從父習拳，備明理法，故於太極拳亦精微入妙。以父命讀書，而僅得歲貢生，晚年頗悔習文，以為兄習武多成就，於是發憤著書，其志尤在闡發陳氏世代相傳之太極拳理法。著有《陳氏家乘》五卷、《安愚軒詩文集》若干卷、《陳氏太極拳圖說》四卷、《太極拳引蒙入路》一卷及《三三拳譜》。

　　《陳氏太極拳圖說》寫自光緒戊申（1908）至民國己未（1919），手自抄寫，雖嚴寒盛暑不懈。其抄本先後有四本，闡發陳氏累代積累的練拳經驗，洋洋二、三十萬言，逐勢詳其著法、運勁和周身規矩；以易理說拳理，引證經絡學

說，貫串於纏絲勁的核心作用，而以內勁為統馭。鑫無子，老且病，乃召兄子椿元於湘南，以《陳氏太極拳圖說》授之曰：「若可傳則傳之，不則焚之，毋與妄人也」。

1930年冬末，唐豪約陳子明去陳家溝搜集太極拳史料，見其遺稿而善之。1931年春初向河南國術館館長關百益建議購其書，關氏遂集資七百元向椿元購得一本，交開封開明書局於1933年出版，線裝四冊。陳鑫歿後，以家貧停柩多年未葬，椿元得稿費後始為營葬。

1935年陳績甫（照丕）編著《陳氏太極拳匯宗》（南京版，兩冊）亦採入其圖說，惟所採為別一稿本，內容較前書略少，文字亦間有不同。《太極拳引蒙入路》為《陳氏太極拳圖說》簡明本；《三三拳譜》則為以太極拳理法修訂形意拳譜者，唐豪於椿元處曾翻閱其書，僅許抄存目錄，其所修訂者約為形意拳原譜十之三云。椿元於1949年去世，陳鑫遺稿不知藏於何人之手。自陳家溝陳氏九世陳王廷創造太極拳以來，陳氏世代習其拳，名手輩出，而著述極少。經七傳至陳鑫始重視文字記錄。

（此傳資料系據陳子明《陳氏世傳太極拳術》、張嘉謀《溫縣陳君墓銘》、陳鑫《陳氏家乘》和唐豪生前所述編寫而成）

一、太極拳經譜　陳　鑫

太極兩儀，天地陰陽，闔辟動靜，柔之與剛。屈伸往來，進退存亡，一開一合，有變有常。虛實兼到，忽見忽藏，健順參半，引進精詳。或收或放，忽弛忽張，錯綜變

化，欲抑先揚。必先有事，勿助勿忘，真積力久，質而彌先。盈虛有象，出入無方，神以知來，智以藏往。賓主分明，中道皇皇，經權互用，補短截長。神龍變化，儔測汪洋？沿路纏綿，靜運無慌。肌膚骨節，處處開張，不先不後，迎送相當。前後左右，上下四旁，轉接靈敏，緩急相將。高擎低取，如願相償，不滯於跡，不涉於虛，至誠運動，擒縱由餘，天機活潑，浩氣流行。佯輸詐敗，制勝權衡，順來逆往，令彼莫測。因時制宜，中藏妙訣，上行下打，斷不可偏。聲東擊西，左右威宣，寒往暑來，誰識其端？千古一日，至理循環，上下相隨，不可空談。循序漸進，仔細研究，人能受苦，終躋渾然。至疾至迅，纏繞回旋，離形得似，何非月圓。精練已極，極小亦圈，日中則昃，月滿則虧。敵如詐誘，不可緊追，若逾界限，勢難轉回。況一失勢，雖悔何追？我守我疆，不卑不亢，九折羊腸，不可稍讓；如讓他人，人立我跌，急與爭鋒，能上莫下；多佔一分，我據形勝，一夫當關，萬人失勇。沾連黏隨，會神聚精，運我虛靈，彌加整重。細膩熨貼，中權後勁，虛籠詐誘，只為一轉；來脈得勢，轉關何難？實中有虛，人己相參；虛中有實，孰測機關？不遮不架，不頂不延（遲也），不軟不硬，不脫不沾，突如其來，人莫知其所以然，只覺如風摧倒，跌翻絕妙，靈境難以言傳。試一形容：手中有權，宜輕則輕，斟酌無偏；宜重則重，如虎下山。引視彼來，進由我去；來宜聽真，去貴神速。一窺其勢，一覘其隙，有隙可乘，不敢不入，失此機會，恐難再得！一點靈境，為君指出。至於身法，原無一定，無定有定，在人自用。橫豎顛倒，立坐臥挺，前俯後仰，奇正相生。回旋倚

側，攢躍皆中（皆有中氣放收，宰乎其中。）千變萬化，難繪其形。氣不離理，一言可罄，開合虛實，即為拳經。用力日久，豁然貫通，日新不已，自臻神聖。渾然無跡，妙手空空，若有鬼神，助我虛靈，豈知我心，只守一敬。

二、太極拳拳譜　陳　鑫

中氣（即太和之元氣，不偏不倚，無過無不及）貫足，精神百倍（十年用功，十年養氣），臨陣交戰，切忌先進；如不得已，淺嘗帶引，靜以待動，堅我壁壘。堂堂之陣，整整之旗，有備無患，讓彼偷營；一引一進，奇正相生，佯輸詐敗，反敗為攻。

一引即進，轉（轉者，從引而忽轉之。）進如風，進至七分，疾速停頓。兵行詭計，嚴防後侵（前後皆是敵人），前後左右，俱要留心。進步莫遲，不直不遂，足隨手運，圓轉如神。

忽上（手足向上）忽下（手足向下），或順（用順纏法，其勁順。）或逆（用倒轉法，其勁逆），日光普照，不落邊際（以上是敵侵我）。我進擊人，令其不防，彼若能防，必非妨方（四句是我侵入）。

大將臨敵，無處不慎，任他圍繞，一齊並進；斬將搴旗，霸王之真。太極至理，一言難盡，陰陽變化，存乎其人，稍涉虛偽（學思並用，須下實在功夫）妙理難尋。（拳法有經有權，生機無窮，變化由我，不待思索。）

三、陳鑫太極拳論分類語錄①

1.心靜身正，以意運動

「學者上場打拳，端然恭立，合目息氣，兩手下垂，身樁端正，兩足並齊，心中一物無所著，一念無所思，穆穆皇皇，渾然如大混沌無極景象，故其形無可名，名之曰無極，象形也。」

「太極者，生於無極也。陰陽由微至著，循環無端，即其生生之機也。……打拳上場手足雖未運動，而端然恭正之中，其陰陽開合之機，消息盈虛之數，已俱寓於心腹之內。此時壹志凝神，專主於敬，而陰陽開合，消息盈虛，特未形耳。時無可名，亦名之曰太極。言此以示學者初上場時，先洗心滌慮，去其妄念，平心靜氣，以待其動。如此而後可以學拳。」

「拳名太極，實天機自然之運行，陰陽自然之開合也，一絲不假強為，強為者皆非太極自然之理，不得名為太極拳。」「精神貴乎蘊蓄，不可外露圭角。」

「靜以待動。」「太和元氣到靜時，不靜不見動之奇。」「不矜不張，局度雍容，雖曰習武，文在其中矣。」

「身必以端正為本。」

「身法端凝莫側，收斂精神，另無他訣，心平氣和則得。」

「身法正者，身樁端正，無所偏倚，虛靈內含，故不懼他人推倒。」

「不偏不倚，無過不及。」

「不偏不倚，非形跡之謂，乃神自然得中之謂也。」

「若兼帶俯仰伸縮法，規矩方為完全合一。久練純熟則起落進退，旋轉自由，而輕重、虛實、剛柔齊發。」

「打拳原是備身法，身法有正有斜，有直有曲，有順有逆；有偏前，有偏後；有偏左；有偏右；有偏上，有偏下；有在地上坐，有在空中飛；有束住，有散開；種種身法，不可枚舉，皆有中氣以貫之。此臨時以意會之自知。」

「身雖有時歪斜，而歪斜之中，自寓中正，不可執泥。」

「間架即有時身法歪斜，是亦中正之偏，偏中有正，具有真意，有真意其一片纏綿意致，非同生硬挺霸，流於硬派。」

「以心中浩然之氣，運於全體，雖有時形體斜倚，而斜倚之中，自有中正之氣以宰之。」

「至於身法，原無一定，無定有定，在人自用，橫豎顛倒，立坐臥挺，前俯後仰，奇正相生，回旋倚側，攢躍皆中（皆有中氣放收，宰乎其中），千變萬化，難繪其形。」

「身法不論大身法轉關或小身法過角，以靈動敏捷為尚。」

「能會此身轉移法，神機變化在其中。」

「打拳心是主。」

「以心為主，而五官百骸無不聽命。」

「天君有宰，百骸聽命。」

---

①所有集錄均係根據陳式老架子練習的方式方法錄出，但可供練新架時參考，並可證明老架一般是難練的、複雜的。

「運用在心，此是真訣。」「中和元氣，隨意所之，意之所向，全神貫注。」

「動靜緩急，運轉隨心。」

「運化全在一心中。」

「四體從心而運，官骸皆悅以順從，而要皆以乾坤正氣行之也。」

「心中一物無有，極其虛靈，一有所著，則不虛不靈，惟靜以持之，養其誠以至動靜咸宜，變化不測。」

「妙機本是從心發。」

「問：運行之主宰？曰：主宰於心。心欲左右更迭運行，則左右手足即更迭運行；心欲用纏絲勁順轉圈，則左右手即用纏絲勁順轉圈；心欲沉肘壓肩，肘即沉，肩即壓；心欲胸腹前合，腰勁劖下，襠口開圓，而胸向前合，腰勁劖下，襠即開圓，無不如意；心欲屈兩膝，兩膝即屈，右足隨右手運行，左足隨左手運行，而膝與左右足皆隨之，不然多生疵累，此官骸之所以不得不從乎心也。吾故曰：心為一身運行之主宰。」

「或曰：拳之大概即聞命矣，而要打不出神情，何也？曰：此在平居去其欲速之心，如孟子所言，必有事焉而勿正，心勿忘，勿助長焉。臨場先去其輕浮慌張之氣，清心寡欲，平心靜氣，著著循規蹈矩，積久功熟，然後此中層累曲折，歷盡難境，苦去甘來，機趣橫生，浡不可遏，心中有情有景，自然打出神情矣。要之此皆人力所能為者，至於無心成化，是在涵養，日久優游，以俟其自至則得矣。」

「一片靈機寫太和，全憑方寸變來多，有心運到無心處，秋水澄清出太阿。」

「拳雖小技，皆本太極正理。」

「拳雖武藝，得其正道（中庸之道，不偏不倚，無過無不及），無往不宜。」

2.開合虛實，呼吸自然

「開合虛實，即為拳經。」

「以吾身本有之元氣，運於吾身，其屈伸往來，收放擒縱，不過一開一合與一虛一實焉已耳。」

「一開一合，拳術盡矣。」

「動靜循環，豈有間哉！吾所謂：一動一靜，一開一合，足盡拳中之妙。」

「一開一合妙入微，上下四旁泄化機，縱使六子俱巧舌，也難描寫雪花飛。」

「開合原無定，屈伸勢相連。太極分陰陽，神龍變無方。」

「闔辟剛柔順自然，一揚一抑理循環。」

「一開一合，有變有常，虛實兼到，忽現忽藏。」

「開中有合，合中有開；虛中有實，實中有虛。」

「實中有虛，虛中有實，太極自然之妙用，至結果之時，始悟其理之精妙。」

「周身一齊合到一塊，神氣不散，方能一氣流通，衛護周身。」

「打拳以調養血氣，呼吸順其自然。……調息綿綿，操固內守，注意玄關。……輕輕運行，默默停止，惟以意思運行。」

「頭直，眼平視，肩與肩合，肘與肘合，手與手合，大腿根與大腿根合，膝與膝合，足與足合，平心靜氣，說合上

下一齊合住，氣歸丹田，合法皆用倒（逆）纏法。」

「開則俱開，合則俱合。」「至合之時，氣必歸於丹田。」

「一開一合，莫非自然。」

「非但合之以勢，宜先合之以神。」

「合者合其全體之神，不但合其四肢。」

「一開一合陰陽備，四體（兩手兩足）殷勤骨節張。」

「每日細玩太極圖，一開一合在吾身。」

「心要虛，心虛則四體皆虛，丹田與腰勁足底要實，三處一實則四體之虛者皆實，此之謂虛而實。」

「天地陰陽之理，不過消息盈虛而已，故孔子尚消息盈虛。打太極拳亦是消息盈虛。息者，喘息也，呼吸之氣也，生長也，故人之子謂之息，以其所生也，因氣微，故謂之息。消者，減也，退也。盈者，中間充滿也。虛者，中間空也。」

3.輕靈圓轉，中氣貫足

「能敬能靜，自葆虛靈。」

「心身不可使氣，輕輕運動。」

「以靈動敏捷為尚。」

「且心一虛，則全體皆虛，惟虛則靈，靈足以應敵。」

「打拳者，手極虛極靈，物有挨著即知，即能隨機應之，不惟手，即背面全身盡是虛靈。」

「往來屈伸，如風吹楊柳，天機動蕩，活潑潑地毫無滯機。」

「以虛靈之心，養剛中之氣。」

「至於手足運動，不外一圈，絕無直來直去。」「所畫

之圈有正斜，無非一圈一太極。」「沿路纏綿，靜運無慌。」

「足隨手運，圓轉如神。」

「離形得似，何非月圓，精練已極，極小亦圈。」「圈是周身轉，不但手足，而手足在外易見，故以手轉言之。」

「越小小到沒圈時，方歸太極真神妙。」

「打拳中氣所往，人孰能禁！」

「以浩然之氣行之，無往不宜。」

「心勁一發，而周身之筋脈骨節，無不隨之，外之所形，皆由中之所發，故曰內勁。」

「內勁何發何行？發於一心，而行於四肢之骨髓，充於四肢之肌膚。」

「不滯不息，不乖不離，不偏不倚，即是中氣。」

「中氣得十分滿足，氣勢盛足。」

「拳以中氣運行，人乃心服，斯即化成天下。」

「以引足為止，學者多性躁，未下功夫，先好打人，不知侵到何處，即以何處引擊，不拘定格。」

「中氣貫足，物來順應，物莫能違。」

「拳家手成，能平其志，自無橫氣。」

「中氣運到手指頭方為運足。」

「足大指待手氣走足後，乃與手一齊合住，此時方可踏實。」

「其勁皆發於心內，入於骨縫，外達於肌膚，是一股勁，非有幾股勁，即氣之發於心者。得其中正即為中氣，養之即為浩然之氣。」

「中氣貫脊中。」

「若問此中真消息，須尋脊背骨節中。」

「中氣上自百會穴，下貫長強穴，如一線穿成也。」

「中氣貫於心腎之中，上通頭頂，下達會陰，……中氣充實於內，而後開合擒縱，自無窒礙。」「中氣必由胳膊中徐徐運行，不可慌張忽略，順其當然之則，運其自然，勿令偏倚，而以心氣行於兩肱之中，是為中氣。」

「其形若止，其意不止，漸漸充其內勁，必使勁由骨縫中充至肌膚，以及指頭，待內勁十分充足，則下勢之機致自動。」

「一氣運行，絕不停留，純是浩氣流轉於周身，勢不可遏。」

「但憑得周身空靈，一縷中氣隨勢揚。」

「兩人相敵，性命所關，外觀諸人，內觀諸己，知己知彼，百戰百勝，而一以中氣御之，不失大中至正之道。」

「以心中之中氣運乎四肢之中，是人所不見己，我獨知之地，需時時神而會之，久而自明。」

「頂勁領起來（頂勁：心之中氣。領：如提起）頂勁何在？在百會穴，其意些需領住（領是領其全體精神，令其不偏不倚）就算，不可太過，過則下挪上懸，立不穩當，此是一身關鍵，中氣之所通者，不可不知。中氣上通百會，下通二十椎，此處一通則上下皆通，全體之氣脈胥通，自無倒傾之弊。腦後二股筋是佐中氣之物，二筋之間其無筋處乃中氣上下流通之路，下行脊骨之中至二十一椎止。即前後任督二脈亦皆是輔吾之中氣。

中氣最難名，即中氣所行之路處亦最難名，無形無聲，非用功夫久，不能知也。所以不偏不倚，非形跡之謂，乃神

自然得中之謂也。即四肢中所運之中氣亦即此中氣之旁流，非另有一中氣。此處不偏，而後四肢之中氣皆不偏，雖四體形跡呈多偏勢，而中氣之流於肢體中者自是不偏，此意第可神而明之。」

「氣非有兩，其柔而勁者為中氣，一味硬者為橫氣。其為用也，不偏不倚，無過不及，是中氣之用，非中氣之體。中氣之體即吾心中陰陽之正氣，即孟子所謂配道義浩然之氣也。」

4.纏繞運勁，舒暢經絡

「凡經絡皆有益於拳。」

「打太極拳須明纏絲勁，纏絲者，運中氣之法門也，不明此，即不明拳。」

「太極拳纏絲法也。進纏退纏，左右纏，上下纏，裡外纏，大小纏，順逆纏，而要莫非即引即纏，即進即纏，不能各是各著；若各是各著，非陰陽互為其根也。」

「渾身俱是纏勁，大約裡纏外纏，皆是隨動而發，有左手前，右手後；右手前，左手後，而以一順合者；亦有左裡合，右背合者；亦有用反背勁而往背面合者，各因其勢之如何而以自然者運之。其勁皆發於心內，入於骨縫，外達於肌膚，是一股勁，非有幾股勁。即氣之發於心者，得其中正，則為中氣，養之即為浩然之氣。」

「此中意趣，莫割斷神氣，神氣不斷，血脈自然流通。」

「天地間未有一往而不返者，亦未嘗有直而無曲者矣。」

「蓋物有對待，勢有回還，古今不易之理也。」「衛生

之本，還氣妙訣。能善運氣，始能衛其生命。」

「自當從良師，又宜訪高朋，處處循規矩，一線啟靈明；一層深一層，層層意無窮，一開連一合，開合遞相承。」

「五運六氣司變化，武術得之自通神。」

「任脈起於全陰，上行循腹裡至天突、廉泉止，督脈亦由會陰起，過長強，順脊逆行而上至百會，下降至人中止。……上身任督以腹背言，……皆位乎中，可以分，可以合也。分之以見陰陽之不離，合之以見渾淪之無間，……人能明任督以運氣保身，……行導引之術，以為（祛病延年）之根本。打拳以調養血氣，呼吸順其自然，掃除妄念，卸盡濁氣，先定根基，收視返聽，含光默默，調息綿綿，操固內守，注意玄關（即丹田），功久則頃刻間水中火發，雪裡花開，兩腎如湯熱，膀胱似火燒，真氣自足。任督猶車輪，四肢若山石。無念之發，天機自動。每打一勢，輕輕運行，默默停止，惟以意思運行，則水火自然混融。……練過十年以後，周身混沌，極其虛靈，不知身之為我，我之為身，亦不知神由氣生，氣自有神，周中規，折中矩，不思而得，不勉而中，……不知所以然而然；亦不知任之為督，督之為任，中氣之所以為中氣也。時措咸宜，自然合拍。此言任督之升降順逆，佐中氣以成功。氣動由腎而生，靜仍歸宿於腎。一呼一吸，真氣之出入，皆在於此。……總之，任說千言萬語，舉莫若清心寡欲，培其本原，以養元氣。身本強壯，打拳自勝人一籌。」

「此勁皆由心中發，股肱表面似絲纏，斜纏順逆原有定，最耐淺深細究研。究研功夫真積久，一旦豁然太極拳，

人身處處皆太極，一動一靜俱混然。」

「胳膊勁由心發，行於肩、過肘、至指，此是順纏法。由骨至肌膚，由肩至指，出勁也。由指至肩倒（逆）纏法，所謂入勁者，引之而來，使敵近於我也。」

「兩腿之勁，皆由足大拇趾領起，過湧泉，上纏過外踝，向裡纏，斜行而上，過三里，越膝，逾血海，至大腿根，兩腿根間謂之襠，即會陰穴也（蓋兩勁對頭是其結穴，此處是腿勁歸宿，腰勁稍往下降，降至此腿根撐開，襠勁自圓）。運勁足後跟踏地，漸至趾通谷、大鍾、外腓以及隱白、大敦、厲兌，實實在在地踏於地上（腳趾腳掌要摳住地，湧泉要虛，不虛則趾不著力，用不上力，是為前後實，中間虛）。」

官體之勁，各隨各經絡運行，無纖悉之或差。」

「一往一來運一周，上下氣機不停留，自古太極皆如此，何須身外妄營求。」

5.上下相隨，內外相合

「一身必令上下相隨，一氣貫通。」

「內外上下必隨，其勁不可拂逆。」

「發令者在心，傳令者在手，觀色者在目。此心、手、眼三到之說，缺一不可。」

「上下手足各相隨，後往前轉莫遲遲。」

「不先不後，迎送相當，前後左右，上下四旁，轉接靈敏，緩急相將。」

「上面手如何運，下體足如何運，上下相隨，自然合拍。」

「要手全在手掌，手指領起周身運動，足隨手尤其緊

要。」「足隨手運，圓轉如神。」

「.中間胸腹隨手足運，上下一氣貫通，說動一齊動，說止一齊止。」

「擊首尾動精神貫，擊尾首動脈絡通，當中一擊首尾動，上下四旁扣如弓。」

「內外一氣流轉。」

「八體（頂、襠、心、眼、耳、手、足、腰）關緊君須記，人力運成奪天工。」

「太極拳千變萬化，無往非勁，勢雖不侔，而勁歸一。夫所謂一者，自頂至足，內有臟腑筋骨，外有肌膚皮肉，四肢百骸相聯而為一者也。破之而不開，撞之而不散。上欲動而下自隨之，下欲動而上自領之，上下動而中部應之，中部動而上下和之，內外相連，前後相需，所謂一以貫之者，其斯之謂歟！」

「心與身不可使氣，輕輕遵住規矩，順其自然之勢而運之。以手領肘，以肘領肩；下則以足領膝，以膝領大股。其要處全在以手足指頭領住運行。或問：手足全不用氣，何以運動？曰：手中之氣，不過僅僅領住肩臂而已，不可過，過則不靈。至於足，較之手稍重而已。」

6.著著貫串，勢勢相承

「拳之一道，進退不已，神氣貫串，絕不間斷。」「初學用功，先求伏應，來脈轉關，一氣相生。」「上著下著，一氣承接，勿令神氣間斷。」「打拳全在起勢，一起得勢，以下無不得勢。即無敵人徒手空運，亦覺承接得勢，機勢靈活，故吾謂每一勢全在一起，於接骨逗榫處彼勢如何落下，此勢如何泛起，須要細心揣摩。又全在一落必思如何才算走

到十分滿足，無少欠缺。神氣既足，此勢似可停止，而下勢之機已動，欲停而又不得停；蓋其欲停將停之機，又已叫起下勢矣。吾故曰：此時之境，似停不停（不停者，神未足也），不停而停（所停者只一線，下勢即起）。」

「學太極拳著著當細心揣摩，一著不揣摩，則此勢機致情理，終於茫昧，即承上起下處尤當留心，此處不留心，則來脈不真，轉關亦不靈動，一著自成一著，不能自始至終，一氣貫通矣。不能一氣貫通，則與太和元氣終難問津。」

「平素打拳，全在一起一轉，所謂『得勢爭來脈，出奇在轉關』，本勢手將起之時，必先使手如何承住上勢，不令割斷神氣血脈；既承接之後，必思手如何得機得勢。來脈真，機勢得，轉關自然靈動。能如此，他日與人交手，自能身先立於不敗之地，指揮如意。」

每勢將成，「跡似停，氣卻不停，必待內勁徐徐運到十分充足，下勢之機躍躍欲動，方能上勢與下勢打通，中無隔閡，一氣流行，不但一勢如是，拳自始至終，每勢之末，皆如是。」

「接骨逗榫，細心揣摩。」

「理精法密，條理縷析。」

「層累曲折，胥致其極。」

7.虛領頂勁，氣沉丹田

「問：打拳關鍵在何處？曰：在百會穴下，自腦後大椎通至長強，其動處在任督二脈。」

「百會穴領其全身。」

「頂勁者，是中氣上衝於頭頂者也。不領則氣塌，領過不惟全身氣皆在上，足底不穩，病失上懸，即頂亦失於硬，

「扭轉不靈，亦露笨象，是在似有無，折其中而已。」

「打拳全是頂勁，頂勁領好，全身精神為之一振。」

「提綱全在頂勁，故頂勁一領而周身精神皆振。」「頂勁中氣是股正氣，心中意思領起即行到頭頂上，中氣自然領起來，非有物以提之，是意思如此。」

「拳自始至終，頂勁絕不可失，一失頂勁，四肢若無所附麗，且無精神，故必領起，以為周身綱領。」

「頂勁上領，意思如上頂破天，不可用氣太過。」

「頂勁領起斜寓正，襠間撐（膝撐開）合（勁合住）半月圓。」

「中氣上自百會穴，下貫長強穴，如一線穿成也。」

「頂勁領起來，領頂勁非硬蹬腦後頂間二大筋之謂，乃是中氣上提，若有意，若無意，不輕不重，似有似無，心中一點忽靈勁，流注於後頂，不可提過，亦不可不及，提過則上懸，不及則氣留胸中，難於下降，此頂勁式。」

「中氣貫於心腎之中，上通頭頂，下達會陰。」

「頂勁上領，濁氣下降，中氣蓄住入於丹田。」

「人之一身，以腰為中界，氣往上下行，中間以腰為界。」

「孟子曰：志者氣之帥，氣者體之充。心如將軍氣如兵，將軍一出令，則士卒皆聽命。清氣上升行於手，濁氣下降行於足，氣皆行到指頭乃止，丹田為全體之氣歸宿處，如兵馬屯處，氣之上行下行似兩橛，其實一氣貫通也。」

「百會穴領其全身，要使清氣上升，濁氣下降。清氣如何上升？非平心靜氣不可，濁氣必下降至足。一勢既完，上體清氣皆使歸於丹田，蓋心氣一下，則全體之氣無不俱

下。」

「周身之勁往外發者，皆發於丹田；向裡收者，皆收於丹田，然皆以心宰之，處處皆見太和元氣氣象。」「氣歸丹田，上虛下實，中氣存於中，虛靈含於內。」

「勢既成，心平氣和，中氣歸於丹田。」

「丹田氣一分五處，其實一氣貫通，上下不可倒塌，一也。心氣一領，丹田氣上行，六分至心，又一分兩股，三分上行至左肩，三分上行至右肩，皆是由肩骨縫中貫到左右指頭，其在骨縫中者謂之中氣，其形肌膚者謂之纏絲勁；其餘四分，亦分兩股，二分行於左股，二分行於右股，皆是由骨縫中貫至左右足趾。

「至於中氣歸丹田之說，不必執泥，但使氣降於臍下小腹而已。若細研之，丹田非氣之原，何以獨言歸此？此不過略言大意而已，若究其原，周身元氣皆出腎，腎水足則氣自壯；養於胃，胃得其養則氣亦壯；藏於肝，肝氣一動逆氣橫生，氣不得其平；涵泳於心，心無妄念則心平者氣自和；肺主聲，實鳴之以心，心機何往，不必聲出諸口而心先喻也；壯於膽，膽則無前，氣亦隨之；運於脾，是經多氣少血，聞聲則動，動則運化不已，心一動脾即動矣。佐以大腸，大腸多氣少血，且為傳道之官；又輔以小腸，小腸在前臍上，後附脊，滓穢不存，濁氣去而清氣來矣。以上經絡，皆有益於拳，故及之。若專言腎，腎者作強之官，技巧出焉，是經少血多氣，藏精於志，精神之舍，性命之根。腎有兩枚，枚各兩繫，一繫於心，一上通於腦，氣之所生，實始於此，歸宿必歸到此。至於命門，實兩腎之間氣所出入之門，故曰命門。」

「命脈者，腎也，中氣之所由來也。動則出，靜則入。有定而無定，言不時變易勢，故陰陽二氣變易亦無定。」

「出腎入腎是真訣。」

「跨虎勢定式：腰以上背後魄戶、膏肓向脅前合，胸前左右脅第一行淵液、大包屬三焦，二行輒筋、日月亦屬少陽三焦，三行雲門、中府、食竇、胸鄉屬肺與脾，四行厥陰、期門、天池屬肝膽，五行陽明大腸缺盆、氣戶、梁門、關門屬腸胃，第六行少陰腧府、神藏、幽門、通谷屬心腎，中一行華蓋、紫宮、玉堂、膻中、中庭、鳩尾。

左右脅由淵液、大包以至幽門、通谷兩邊，皆向玉堂、膻中合住，左右各脅皆相呼應，此左右脅腰以上之式。

腰以下左右氣衝、維道皆向氣海、關元、中極合住，此左右軟脅下式。」

「何謂閃通背？以中氣由心下降過臍到丹田，復由丹田與任脈逆行而上越臍，越上脘、華蓋、天突、廉泉至承漿（下嘴唇），督脈接住逆行水溝、人中、素髎（鼻準），越神庭、上星、顖會、前頂以至百會，下降越後頂、強門、腦戶、風府、啞門、大椎、陶道、身柱、神道、靈臺、至陽、筋緒、脊中、懸樞、命門、陽關、腰俞，以至長強（皆脊背俞也），再至會陰極矣（是前任脈，後督脈下面兩脈起端處）。中氣由百會下通長強、會陰，是謂通背。閃者，如人摟住後腰，前面腰向前猛一彎，頭與肩往下一栽，後面長強與環跳（即大腿外骨）往上用力挑其小腹，往上一翻，敵自手散開，顛倒從吾頭上閃過前面，仰跌吾前矣。此之謂閃通背。」

「通背如何？當頭與肩往下栽時，屁股往上一挑，則督

脈從長強穴逆行而上通百會，以至人中，任脈接住下行以至丹田，是引陽入陰一周也。右手從襠涉起，任脈即從丹田逆行而上以至承漿穴，右手隨身逆轉，手到下，督脈從人中逆行過頂後，由大椎順行而下，復至長強，是由陰附陽又一周也。待右足退行到左腳之後，右手從下涉起到上，則督脈又自長強逆行而上已至頭頂百會矣。是督脈上運已大半圈，待下勢以演手捶合住，則督脈由百會下至人中穴，任脈由承漿下行以至丹田，是三周也。以通背一勢，而督脈上下來回三過其背，是之謂通背。

右手由頭至襠是順纏法，由襠涉起轉過身來手到下，復由下涉起到後之上，以至下勢演手捶，皆是逆纏法。」

「演手捶勢：此勢右足後蹬用勁，勁由後踵逆行而上，至委中，再上行過意舍、魂門、神堂、膏肓、魄戶，至肩髃，再由肩髃下行入小海，分入手三里，下行合谷（二指）、中渚（四指）、腕骨（小指），以至四指之第三節。右足之勁用逆纏法，由下逆纏而上，至會陰，斜入意舍，直到肩髃，復用逆纏法纏至捶頭，手背朝上，為合勁。督脈逆行而上，由長強上過百會，下至人中，任脈由承漿接住，下行入丹田，前後轉一周，以助右拳之勁。且頂勁之領，亦全憑此督脈。右膝右前往裡合住勁。胸中要虛，惟虛則靈，勁向前合。腰勁下去，屁股向上翻，則前面氣海、丹田與襠中自然向前合住勁，襠不合則下體足底皆不穩，不虛則左右旋轉不靈，故必向前合住勁，兼以虛圓。

演手捶五官百骸之勁，皆聚於捶。

演手者易於前貪，不知前貪太過，不惟左右易揭起來，且左右旋轉不靈，易於失敗，故寧欠一二分，斷不可過界一

厘，此謂強弩之末，不能穿魯縞，過之故也，演捶者戒
之。」

8. 含胸拔背，沉肩墜肘

「胸要合住勁，又要虛。」

「胸要虛含如磬。」

「胸如鞠躬向前微彎，四面包涵住。」

「中間胸腹自天突穴至臍下陰交、氣海、石門、關元，
如磬折如鞠躬形，是謂含住胸，是為合住勁，要虛。」

「平心靜氣，勿使橫氣填塞胸中。」

「胸要含蓄，氣降丹田，無留橫氣於上。」

「胸膈橫氣卸到腳底，即不能，亦當卸至丹田。」

「胸間鬆開，胸一鬆，全體舒暢，不可有心，亦不可無
心。自華蓋至石門要虛虛含住，不可令橫氣橫於胸中。」

「胸亦隨手轉圈。」

「（白鶴亮翅勢）胸間勁亦若隨住右手與左手先從右向
下，向左而上至右，繞一大圈。」

「胸中內勁如太和元氣轉圈。」

「太和元氣運胸中，一動一靜合輕重。」

「打拳運動全在手領，轉關全在鬆肩，功久則肩之骨縫
自開，不能勉強，左右肩鬆不下則轉關不靈。且鬆肩不是軃
肩，骨節開則肩自鬆下。」

「肩塌下，不可架起來。」

「轉圈機關，全在於肩，故肩中骨縫，宜令開張。」

「胳膊如在肩上掛著一般。」

「肩顒、肩井、扶突，皆鬆下。」

「肩膊頭骨縫要開，始則不開，不可使之強開，功夫未

到自開時心說已開，究竟未開；必攻苦日久，自然能開，方算得開。此處一開，則全胳膊之往來屈伸，如風吹楊柳，天機動盪，活潑潑地毫無滯機，皆繫於此。此肱之樞紐，靈動所關，不可不知。」

「兩肩要常鬆下，見有泛起，即將鬆下；然不得已上泛，聽其上泛，泛畢即鬆。不鬆則全肱轉換不靈。故宜泛則泛，宜鬆則鬆。每勢畢，胸向前合，兩肩彼此相呼應。此兩肩式。」

「俯肩一靠破銅牆。」

「兩肘當沉下，不沉則肩上揚，不適於用。」

「肘尖向下……膝蓋與肘尖上下相照。」

「肘在前後、左右、上下，要呼應合住勁。」

9. 運柔成剛，剛柔相濟

「打拳以鼻為中界，左手管左半身，右手管右半身，各足隨各手運之。心身不可使氣，輕輕運動，以手領肘，以肘領臂，手中之氣僅僅領起手與臂而已，不可過，過則失於硬。上體手如何運動，下體亦隨之，上下相隨，中間自然皆隨，此為一氣貫通。襠勁要開要虛，襠開然後心氣發動。」
「肌膚骨節，處處開張。」

「欲剛先柔，欲揚先抑。」

「世人不知，皆以（太極拳）為柔術，殊不知自用功以來，千錘百煉（百煉此身成鐵漢），剛而歸之於柔，柔而造至於剛，剛柔無跡可見。但就其外而觀之，有似乎柔，故以柔名之耳，而豈其然哉？且柔者，對乎剛而言之耳。是藝也，不可謂之柔，亦不可謂之剛，第可名之為太極。太極者，剛柔兼至，而渾於無跡之謂也。其為功也多，故其成也

難。」

「陰陽互為其根，不可分為兩橛。」

「克剛易，克柔難。」

「柔能克剛，以退為進者，坤道也；坤錯乾，乾，剛也。坤至柔而動也剛。此拳外面似柔，其實至剛。」

「故拳術以柔克剛，因而中也。」

「打拳何嘗不用氣，不用氣則全體何由運動？但本其至大至剛之氣，以直養無害焉已耳。」

「一陰一陽，要必以中峰運之，中峰者，不偏不倚，即吾心之中氣（不滯不息，不乖不離，不偏不倚，即是中氣），所謂浩然之氣也。」

「此氣行於手足中，不剛不柔自雍容。」

「渾灝流行，自然一氣，輕如楊花，堅如金石，虎威比猛，鷹揚比疾，行同乎水流，止侔乎山立。」「以虛靈之心，養剛中之氣。」

「胸中一團太和元氣，充周四體，至柔至剛，實備乾健坤順之德。當其靜也，陰陽所存，無跡可尋；及其動也，看似至柔，其實至剛，看似至剛，其實至柔，剛柔皆具，是謂：陰陽合德。」

「運動似柔而實剛，精神內藏而不露，此為上乘。」「坤至柔，而動也剛。」「柔順濟以剛直。」

「乾剛坤柔，陰陽並用，不偏不倚，無過不及。」

「陰陽互用，天道所藏，動靜無偏，乃爾之強。」

「久練純熟，則起落進退，旋轉自由，而輕重、虛實、剛柔齊發。」

「任人四面來侮，此身全仗虛靈，官骸無所不顧，……

任爾奸巧叢生，自是剛柔素具。」

「拳以太極名，古人必有以深明乎太極之理，而後於全體之上下、左右、前後，以手足旋轉運動，發明太極之蘊，立其名以定為成憲，義至精也，法至嚴也，……雖曰拳為小道，而太極之大道存焉。……後之人，事不師古，不流於狂妄，即涉於偏倚，而求一不剛不柔，至當恰好者，以與太極之理相吻合者，蓋亦戞戞乎其難矣。」

「虞廷執中，孔門一貫，此外無餘蘊。……神而明之，存乎其人。」

「然剛柔既分，而發用有別。四肢發動，氣形諸外，而內持靜重，剛勢也；氣屯於內而外現輕和，柔勢也。用剛不可無柔，無柔則環繞不速；用柔不可無剛，無剛則催迫不捷。剛柔相濟，則黏、游、連、隨、騰、閃、抖、空、掤、攦、擠、捺，無不得其自然矣。剛柔不可偏用，用武豈可忽耶！」

10.先慢後快，快而復慢

「由起至止，須慢慢運行，能慢盡管慢，慢得十分功夫，即能靈到十分，惟能靈到十分火候，斯敵人跟不上我，反以我術為奇異，是人之恆情也，殊不知是先難之功之效也。」

「每著之中，五官百骸順其自然之勢，而陰陽五行之氣運乎其中，所謂：『動則生陽，靜則生陰，一動一靜，互為其根』。是所謂：『陽中有陰，陰中有陽。』此即太極拳之本然。」

「練太極拳之步驟有三層功夫：第一步，學時宜慢，慢不宜痴呆；第二步，習而後快，快不可錯亂；第三步，快後

復緩，是為柔，柔久剛自在其中，是為剛柔相濟。」（此一則為陳復元語）

11.竄奔跳躍，忽上忽下

「青龍出水是直進平縱法，左足隨右足向前飛縱，襠中會陰、長強勁隨頂勁上提，前縱如靈貓撲鼠，純是精神，又虛又靈。」

「引蒙：指襠捶下緊接青龍出水，二勢夾縫中先將右肩鬆下，右半個身隨之俱下，下足再泛起來往前縱，前未縱時右手捶如繩鞭穗欲往前擊，先向後收，然後從後翻上向前繞一大圈擊去，身亦隨之前縱。其縱之訣，前面手向前領，後面右足之隱白、大敦、厲兌、竅陰、俠谿，皆用功。勁由足底過湧泉至足踵翻上去，逆行而上，窬委中、殿門、承扶、環跳，斜入扶邊，上行越魂門、魄戶，至附分，再斜上行，由曲垣窬小海，斜入支溝、陽池，沿路翻轉。將手展開，束住五指，右手領身縱向前去，左腳用力往下一蹬，隨右手皆至於前，左手亦隨身至前，腳落地後左手落於右乳前停住。

內勁：右半身皆用右轉勁（右轉即順轉，從裡往外轉），右手用纏絲勁由腋上行，從裡向外斜纏至指肚，右足亦用纏絲勁順纏至大腿根，上行與扶邊相會，一齊上行至附分，分行至腋，斜纏至指肚；左手左足須用倒轉勁，而後才能隨住右手右足轉圈前縱之，本全由於心，心勁一提，上邊頂勁領住，中間丹田勁發，上行偏於右半身，下邊兩足，右足用躍法，右足掌用力後蹬；未縱以前，全是蓄勁，聚精會神，團結其氣；方縱之時，純是向前撲勁，一往直前；右手帶轉帶進，如鷂了撲鵪鶉、蒼鷹捉狡兔一樣，其志專，其神凝，其進速，其氣（氣即魄力）穩。玉女穿梭平縱身法，此

亦平縱法，愈遠愈好，要皆本自己力量為之，必得優游氣象，勿露弩張之氣方好。」

「其內勁發源最遠，由僕參逆行而上，逾背後至附分，以至右指。」

「玉女穿梭是順轉平縱法。……其進如風，……手法、步法、轉法，愈快愈好，……上雖憑手，下尤憑足，足快尤顯手快之能，……自起勢以至終勢，右手足雖是順纏法，而周身法皆是倒轉勁，連三趨進，皆是進步。至於內勁，自頂勁以至足五趾，法皆與前同，始終以右手右足為主，而以左手左足佐之。右手順轉，左手必是倒轉，纏絲勁即道也者不可須臾離也。右手以轉大圈為式，功久自然小方好。」

「此勢是大轉身法，上承野馬分鬃下來，右手趁其在下之勢，不容少停，即以右手用纏絲勁從下握上，沿路斜形飛風向東去，指如鋼錐，亦全賴右足在後隨住右手，亦用順纏絲勁就住上勢，大鋪身法，盡力向東連進三大步，方夠一大圈約八、九尺許。尤在頂勁提好，襠勁不得滿足，身隨右手如鷙鳥疾飛而進，莫能遏抑，步落黏地即起。」

「玉女穿梭已成之式，似與攬擦衣大同小異，然其實大不相同，彼則身不轉動，專心運其右手右足，其氣恬，其神靜；茲則連轉身帶運手足以防身禦敵，且以快為事，故其氣猛，其神忙，非平素實有功夫，臨事以氣貫其上下全體者，不能獲萬全。何也？蓋以出入廣眾之中，以寡敵眾，旁若無人，惟天生神勇，其膽正，其氣剛，其練習純熟，故披靡一切裕如也。」

「轉引轉擊出重圍，宛同織女弄織機，此身直進誰比迅，一片神行自古稀。」

「二起腿是上躍法，……何謂二起，左右二腳相繼一齊離地四、五尺而躍起也，故名踢二起。……然必左足先用力狠上踢，而後右腳始踢高，腳面要平，二起純是用全體升提法，身法心勁往上一提，全身精神振奮，皆往空中聳躍，右足能高頭頂方合式。身隨頂勁用力往上縱，愈高愈好，有縱過頭頂者，非身輕力大不能。……上身向上縱，下身愈得用力隨之上縱，其縱之法，必左右足用力先往下一蹬，足蹬愈重，則身起愈高。」

「心勁一領起來，而五官百骸皆隨之而起。」

「二足連環起，全身躍半空。」

「中氣提來臂力剛，連環二起上飛揚。」

「何謂跌岔？身從空中跌下，兩腿岔開，方為跌岔。此圖左腿展開，右腿屈住，此為單跌岔；以雙跌岔非用縱法不能起來，不若單跌岔只用左足踵往前一合，右膝往外一開，右足踵用力一翻，即遂起遂落，較之稍易，故用之亦能制勝；且今之拳家皆如此，姑從之。」

「跌岔與二起回顧照應，二起從下而上，飛向半空；此則由半空而下，兩腿著地。天然照應，不做牽合，此古人造拳法律之嚴如此。」

「上驚下取君須記，左足擦地蹬自利。」

「不是肩肘能破敵，一足蹬倒鳳凰臺。」

「若非此身成鐵漢，擲地何來金石聲。」

「解圍即在一蹬中，非有大功夫，不能以一足勝人也。」

「蹬一跟：吾以左腳踢敵，敵以右手捋住吾腳，欲扭轉吾腳，令吾疼痛撲地，或上提吾腳欲吾全身離地而後顛起打

之。吾即順勢倒轉兩手捼住地，而以右足順住左腿逆行而上，蹉敵人搦吾左腳之右手，難即解矣。或又以敵人搦吾左腳，吾即以右腳蹬敵人右肘尖或蹬其手節，皆可解之。此是蹬一跟之大略。」

「人來蹬吾，吾即以左腳往後退一步，以防蹬吾鳩尾與承漿以下至咽喉。」

「然慎之於蹬之之時則已晚，不若慎之於上勢將踢之時，視其可踢則踢之，不可踢則不踢，不可妄用其踢也。」

「即有隙可乘，踢貴神速，不貴遲緩；貴踢關緊穴俞，不貴踢寬髀厚肉不著痛癢處，此要訣也，踢者須知。」

「野馬分鬃勢：兩手握地轉如飛，中間一線貫無倚。兩手捼地而上，上下全體皆能顧住；中氣上自百會穴，下貫長強穴，如一線穿成。兩手如兩個圓環，互相上下，更迭而舞，其剛莫折，其銳無比，其轉無間，故能禦敵。」

「鋪地錦勢與跌岔相呼應，跌岔懸空直下，右腳跺地如金石聲，以跺敵人之足，左足蹬人臁骨，可破其勇，右手展開胳膊握地而上，左手前沖以推敵人之胸；此則以髀股後坐坐人之膝，右手拳屈有欲前擊意，左腿展開如不得勝，兩手右向捼地，用掃堂鞭以掃群敵下臁，則難自解。此以同類相呼應者如此。又與金雞獨立相呼應，金雞獨立左腿豎起，此則左腿橫臥，金雞右膝膝人，此亦以右膝屈住，金雞獨立左手下垂，右肱向上伸，此則右手屈住，左手向上沖，故以上下相呼應。又與二起相呼應，二起身飛半空，此則身落地面，故亦以上下作呼應。」

「前後左右，上下四旁，轉接靈敏，緩急相將，高擎低取，如願相償。……上行下打，斷不可偏，聲東擊西，左右

威宣。……橫豎顛倒，坐立臥挺，前俯後仰，奇正相生，回旋倚側，攢躍皆中（皆有中氣放收，宰乎其中）。」

「足隨手運，圓轉如神，忽上（手足向上）忽下（手足向下），或順（用順纏法，其勁順）或逆（用倒轉法，其勁逆）。」

「倒捲肱是退行以避左右；白鶴亮翅是右引左擊，兼上引下擊法；摟膝拗步是六封（上下，前後，左右皆封住門），四避（四避是東西南北四方令人無隙可攻）；閃通背是前閃（後往前閃）、後滑（是後面捺不住，強捺則滑而跌之）進擊法；攬擦衣與單鞭皆是一引一進（此進字是進而擊之）法；運手是左右一引一進擊法；高探馬是左肱背折肘法；左右插腳是下體前攻襠法；中單鞭是左右上下手足並擊法；擊地捶是攻下法，身後兼滑跌法，訣竅以兩腰之中兩腎之間命門為上下體之關鍵樞紐，關鍵上下皆是倒轉勁，身帶側欞住，右後脇向上，左後脇向下，襠勁下好，足踏穩，人遭著背後，身即扭轉，愈速愈好，能遵足法，則人自一滑跌倒矣。踢二起與踢一腳、蹬一跟是倒轉大轉身法，兼以兩足上攻法（手當足用，足當手用也）；演手捶、小擒打是前攻上下法；抱頭推山是逆轉（謂身也）進推法；單鞭是順轉（順轉也是謂身法）左右引擊法。

以上數十勢是以一人敵數十人大戰也；至於避敵之法，不越上下兩旁，哪面緊先解哪面圍；一齊來者，中氣一動，即令一齊皆散，非有功夫不能。」

（附註：以上所提各拳式，均是陳式老架的拳式，錄之以供參考）

12. 剛柔俱泯，一片神行

「運動之功久，則化剛為柔，練柔為剛，剛柔得中，方見陰陽。故此拳不可以剛名，亦不可以柔名，直以太極之無名名之。」

「當其靜也，陰陽所存，無跡可見；及其動也，看似至柔，其實至剛；看似至剛，其實至柔。剛柔互運，無端可尋。」

「太極理循環，相傳不計年，此中有精義，動靜皆無偏……開合原無定（活潑潑地），屈伸勢相連（卻有一定）。太極分陰陽，神龍變無方，天地為父母，摩蕩柔與剛，生生原不已，奇正不尋常。乾坤如橐籥，太極一大囊，盈虛消息故，皆在此中藏。至終復自始，一氣運弛張，有形歸無跡，物我兩相忘。」

「闔闢剛柔順自然，一揚一抑理循環。」

「終而復始，始而復終，惟始與終，循環不窮。」

「太極不過陰陽之渾淪耳。……泯然聲臭之俱無，纖巧悉備者，化工也。渾乎雕刻之不作。」

「一來一往運一周，上下氣機不停留。」

「天機活潑，浩氣流行，動靜緩急，運轉隨心。……至疾至迅，纏繞回旋，離形得似，何非月圓。精練已極，極小亦圈。」

「純乎天則打拳皆隨天機動宕，莫非自然而然，活潑潑地，太極原象，皆從吾身流露。」

「人身處處皆太極，一動一靜俱渾然。」

「至虛至靈，一舉一動，俱是太極圓象。」

「圓轉自如，渾浩流行，絕無滯機，每勢完仍歸到渾然

一太極氣象，絕無跡象可尋，端緒可指。」

「打拳熟而又熟，無形跡可擬，如神龍變化，捉摸不住，隨意舉動，自成法度，莫可測度，技至此，真神品矣。太極之理，發於無端，成於無跡，無始無終，活盤托出，噫！觀止矣！拳雖小道，所謂即小以見大者，蓋以此拳豈易言哉！」

「故吾身之運行或高或低，或反或正，且忽遲忽速，忽隱忽現，或大開而大合，忽時行而時止，莫非一片靈氣，呈於色象，真如鳶飛魚躍，化機活潑，善觀拳者必不於耳目手足之鼓舞於跡象間者深嘉賞也。故學者必先研其理，理明則氣自生動靈活，非氣之自能生動錄活，實理使之生動靈活也。知此而後可與言內勁。如第以由內發外者為內勁，此其論猶淺焉者也。」

「誠於中，形於外，千變萬化自無窮，火候到純青，法密理精，渾身輕靈，左右拿出應應應。」

「神穆穆，貌皇皇，氣象渾淪，虛靈具一心，萬象藏五蘊，寂然不動若愚人，誰知道，陰陽結合在此身。任憑他四面八方人難近，縱有那勇猛過人，突然來侵，傾者傾，跌者跌，莫測其神；且更有去難去，進難進，如站在圓石頭上立不穩，實在險峻，後悔難免隕。豈有別法門，只要功夫純；全憑者，一開一合，一筆橫掃千人軍。」

「太極陰陽真造化，鴛鴦繡出從君看。」

「腳踢拳打下乘拳，妙手無處不渾然，任他四圍都是敵，此身一動悉顛連。我身無處非太極，無心成化成珠圓，遭著何處何處擊，我亦不知玄又玄。」

「一氣旋轉自無停，乾坤正氣運鴻濛，學到有形歸無

跡，方知玄妙在天工。」

13. 培養本元，勤學苦練

「心為一身之主，腎為性命之原，必清心寡欲，培其根本之地，無使傷損，根本固而後枝葉榮，萬事可作，斯為至要。」

「任說千言萬語，舉莫若清心寡欲，培其本原，以養元氣，身本強壯，打拳自勝人一籌。」

「用功各因自己力量運動，其遍數一遍可，十遍亦可，不拘遍數；有力儘管運動，無力即止，不必強為運動，以致出乎規矩，惟順其自然則得矣。」

「每一勢拳，往往數千言不能罄其妙，一經現身說法，甚覺容易，所難者工夫，所尤難者長久工夫。諺有曰：『拳打萬遍，神理自現』信然。」

「空耍拳勢，原無定格。……平居耍拳，不可不守成規，亦不可拘泥成規，是在學者善用其內勁。至於形跡，或為地勢所限，隨其地勢斟酌運用可也。」

「自初勢至末勢，所圖者皆有形之拳；惟自有形造至於無形，而心機入妙，終歸於無心而後可以言拳。可見拳在我心；我心中天機流動，活潑潑地觸處皆拳，非世之以拳為拳者比也。此是終身不盡之藝，非知之艱，行之惟艱。所圖之勢皆太極中自然之機。……千變萬化，錯綜無窮，故終身行之不能盡。學者勉之。」

「拳當功力既熟，端正恭肅，敬其所事，不敢自滿。……不矜不張，局度雍容，雖曰習武，文在其中矣。」

「孟子曰：『大匠誨人，必以規矩。』規矩者，方圓之至也。以之誨人是則大匠所能也，至於巧，大匠不能使，惟

在學者。苟至於巧，則是遵規矩而不泥規矩，脫規矩而自中規矩。而要志不可滿。諺有曰：『天外還有天，一滿即招損。』」

「或者曰：『此拳不能打人。』不能打人只是功夫不到，若是功夫純熟，由其大無外之圈，造到其小無內之境，不遇敵則已，如遇勁敵，則內勁猝發，如迅雷烈風之摧枯拉朽，孰能當之。」

「今之學者未用功而先期效，稍用力而即期成，其如孔子所謂先難後獲何？問：工夫何以用？必如孟子所謂必有事焉而勿正，心勿忘，勿助長也而後可。理不明，延明師，路不清，訪良友。理明路清而猶未能，再加終日乾乾之功，進而不止，日久自到。問：得幾時？小成則三年，大成則九年，至九年之候，可以觀矣。抑至九年之後，自然欲罷不能，蒸蒸日上，終身無住足之地矣。神手復起，不易吾言矣。躁心者其勉諸。」

「人言此藝別有訣，往往不肯對人表，吾謂此藝無甚奇，自幼難以打到老。打到老年自然悟，豁然一貫神理妙。回頭試想懶惰時，不是先知未說到，說到未入我心中，我心反覺多煩惱。天天說來天天忘，有心不用何時曉？有能一日用力尋，陰陽消長自有真。每日細玩太極圖，一開一合在吾身，循序漸進工夫長，日久自能聞真香。只要功久能無間，太極隨處見圓光，此是拳中真正訣，君試平心細思量。」

「人人各具一太極，但看用功不用功，只要日久能無懈，妙理循環自然通。」

四、陳鑫關於官骸十三目的語錄①

1.頭

「頭為六陽之首，周身之主，五官百骸，莫不體此為向背。」

「頂勁領過則上懸，領不起則倒塌。」

「至於頭，耳能聽敵來之聲，眼能視敵發之色，頭能前後左右觸之，且左右手又能上行助之。」

2.眼

「基精神在何處？曰：在眸子。心一動則眸子傳之，莫之或爽。」

「運行根於一心，而精神看於眼目，眼目為傳心之官，故眼不旁視，足證心不二用。」

「眼神尤為緊要，當隨主要之手運行，不可旁視，旁視則神散，志亦不專。」

「手眼為活，不可妄動。」

「眼神注於（主要）手中指，不邪視。」

「眼看住前手中指，中指的也，故必視此，不可旁視令渙散無著。人之一身，運用全在一心，而傳神全在於目，故必凝神注視。攬擦衣勢右手為主，左手是賓，右手發端，眼必視之，眼隨右手而行，至右手停止，眼必注於右手中指甲，五指肚要用力，此前後手運畢歸宿處，故必用力。此時運動手似停止而其運動之靈氣實不停止，一停止則其氣息

---

①其中頂、肩、肘、胸、胯、膝六目，已見前引，不另錄。

矣，即與下一勢隔閡。此即天地陰陽運轉不息，曾二氣之在吾身獨可息乎哉！惟不息故氣越運越實，至運到十分滿足，則下勢即發起，此即陽極陰生，陰極陽生之意。」

「目能眼光四射。」

「目平視前，光兼四射。」

「眼睛顧視左右，要快。」

「收視返聽，含光默默。」

3.耳

「耳聽身後兼左右。」

「耳聽身後，防敵暗算。」

「敵人之來，必先有風，急者其風大，緩者其風微，即無風亦必有先兆，敵在前目能視之，其或在右、在左、在身後，是即先兆，⋯⋯惟憑耳聽心防。」

「耳聽左右背後，恐有不虞侵凌，人有以後來者，必先有聲音，可聞其聲音。有聲自與無聲不同，故心平氣靜，耳自聰靈。」

4.鼻、口

「呼吸順其自然。」

「調息綿綿。」

「心息相依。」

「打拳以鼻為中界。」

「口唇輕閉，舌尖輕抵上顎。」

5.項

「項豎直不可硬。」

「項要端正豎起，如中流砥柱，不前不後，不左不右，不至倒塌方得。」

「項要靈活，靈活則左右轉動自易。」

6.手

「以心運手，順勢轉圈。」

「手上領之時，腰與襠一齊俱下，上體周轉自覺活動，下體亦不死煞。」

「手上領轉圈，手指之畫圈與胳膊之纏勁，是一股勁，不可視為兩段。」

「手虛虛籠住。」「勁運到指肚頭。」

「眼看中指甲，中指與鼻準相照。」

「中指以鼻準為的，用纏絲勁自肩纏到手，中氣行到中指頭方為運足。中指勁到，餘指勁也到。柔住勁，不可稍留硬氣。」

「以手運行止物，必得剛氣行乎其中。」

「手如紅爐出鐵，人不敢摸。」

7.拳

「去時撒手，著人成拳。」

「拳力如風又如雷。」

「一擊如雷之霹靂一聲，不及掩耳。」

「捶由後向前擊如山上之雷，迅不及防，其進比鳥飛還迅。」

「近身屈肘用努力，去遠何能不展肱？」

「用周身全力用拿勁打，不露粗率，方合法度。……勁由後腳跟越腿肚，順脊上行串至肩臂，轉過由胳膊背面運至手背，故拿住勁打有力。然雖勁由腳根起，其用本在心；心機一動，中氣即由丹田發出至手，周身全力皆聚於此。至於擊人則視人之遠近，遠則展開胳膊可以及人，近則胳膊不能

展開，故用屈肘合捶打，極有含蓄，外面全不露形跡，被擊者即跌倒，方為上乘。蓋遠擊易，近擊難，故得多下功夫才能如是。」

「內勁由丹田下過襠後，再由長強逆行到百會，降下至肩，前進運至捶，周身精神俱聚於捶，方有力。左右足踏地穩重如山在地上，莫能搖撼，方為有力。」

「在拳純是浩氣流轉於周身，勢不可遏。」

8.腹

「腰勁剗下，尻骨微泛起，小腹自然合住勁。」

「胸腹寬宏廣大，向前合住，中氣貫住，上下全神，實有睟面蓋背氣象。久用其功，到是境地，自然知其神情；即至其境，亦但可以意會，不可以言傳也。」

「調息綿綿，操固內守，注意玄關，功久則頃刻間水中火發，雪裡花開，兩腎如湯熱，膀胱似火燒，真氣自足。」

9.腰

「腰為上下體樞紐轉關處，不可軟，亦不可硬，折其中方得。」

「腰是上下體之關鍵，腰以上氣往上行，腰以下氣往下行，似上下兩奪之勢，其實一氣貫通，並行不悖。」

「腰勁貴下去，貴堅實。」

「腰勁磁下不可軟。」

「腰勁下去，腰是上下交關處，不下則上體氣浮，足不穩。」

「腰勁要下去，下去要勁，兩腰撐開，襠合住，要圓要虛，自然下體又虛又靈又穩當，搖撼不動。」

「腰一扭轉，則上體自然扭轉，與下體相照，是腰為上

下體之樞紐。」

「腰中要虛，一虛則上下皆靈。」

「腰勁下不去，不能氣歸丹田；氣不歸到丹田，則中極、會陰失於輕浮，因而胸中橫氣填塞飽滿，即背後陶道、身柱、靈臺左右，橫氣亦皆填塞充足，而前後脊滯澀矣。蓋不向前合失之一仰，向前合則襠勁輕浮，足底不穩，上體亦不空靈。」

「訣竅以兩腰之中，兩腎之間命門，為上下體之管鍵樞紐。」

10.脊、背

「脊骨是左右身之關鍵。」

「內外轉徐徐（纏皆內向外），中氣貫脊中。」

「若問此中真消息，須尋脊背骨節中。」

「背用中氣貫住。」

「背折舒開，頂勁、襠勁足。」

11.襠與臀

「腎囊兩旁謂之襠，貴圓貴虛，不可夾住。」

「襠要圓，圓則穩。」

「兩大腿根要開襠，開不在大小，即一絲之微亦算得開，蓋心意一開，襠即開矣。不會開襠者，腿雖岔三尺寬，不開仍然不開。是在學者細心參之。」

「襠固不得不開，然會陰要虛，小肚要實。」

「襠撐圓，虛虛合住。……（停勢時左右足）纏絲勁法，從足趾自內而外上行斜纏至腿根，以及會陰，……合不到會陰，則無襠勁，且不能撐圓，此纏絲勁之不可離也。」

「下腰勁，尻微翻起，襠勁自然合住。」

「襠尤要虛，虛則回轉皆靈。」

「濁氣下降，合住襠勁。」

「下盤穩當，上盤亦靈動。」

「後臀翻起，前襠合住，後臀自然翻起。」

「尻骨、環跳蹶起來，裡邊腿根撐開，襠自開；兩膝合住，襠自然圓。」

「中間襠開圓，要虛，不可岔如人字形。」

「髀骨不泛起，則前面襠合不住勁。」

「兩尻骨臀肉向上泛起來，不泛起則前面襠合不住，軟脅下為腰，腰勁劗不下，則膝與足無力。尻骨、環跳、裡邊骨向裡合，不合則兩大腿失之散。」

「頂勁領過則上懸，領不起則倒塌，此不會下腰勁、襠勁，以致身不自主。」

「襠勁、腰勁既皆下好，而屁股泛不起來，不惟前襠合不住，即上體亦皆扣合不住；上下扣合不住勁，則足底無力，而外物皆能摧倒我。」

12.足

「千變萬化由我運，下體兩足定根基。」

「演手捶勢：左右足踏地穩重如山在地上，莫能搖撼，方為有力。」

「足穩則身不可搖。」

「前後左右用勁勻停，自然立得穩。」

「足之虛實因乎手，手虛足亦虛，手實足亦實。」

「實足腳底前後皆要用力平實踏住地，湧泉穴要虛。」

「上雖憑手，下尤憑足，足快尤顯手快之能。」

「腎藏志，以足從志，亦順著轉圈。」

「足隨手運，圓轉如神。」

「足大趾待手氣走足後，乃與手一齊合住，此時方可踏實。」

「以引進搏擊之術，行於手足之中。」

「至於手足運動，不外一圈，絕無直來直去。」

「胸隔橫氣卸到腳底。」

「勁雖由腳根起，其用本在心。」

「一點靈氣從心起，上入青天下入地，此氣行於手足中，不剛不柔自雍容。」

「雲手：二足更迭轉，機不停留，左足橫開一步，右足隨之雖亦橫開一步，然右足將至左足邊，復自上轉回五、六寸方才落地，如此方見運行無直步。每左足開步，右足隨之皆如是。……如右手順轉一圈，前半圈中氣由腋裡邊向外斜纏到指，後半圈自外回來，勁自外斜纏到腋下，左手亦然。至於足，如右足前半圈由腿根內向外纏到指，回來自外向裡纏至腿根，左足亦然。」

「足踏出：如前有深淵，說回即收回，至虛至靈。」

「足運行極其纏綿不直，又能隨手運行，不失螺絲纏勁。」

「足蹬愈重，則身起愈高。」

「不蹬則已，蹬之必令敵跌倒。」

「至於足，左來則左擺，右來則右擺；踢以御前，蹬以御後，舉足如迅雷不及掩耳。凡敵之侵我下體者，足之為功居多，足之為用大矣哉！」

「將踢之時，視其可踢則踢之，不可踢則不踢，不可妄用其踢也。即有隙可乘，踢貴神速，不貴遲緩；貴踢關緊穴

俞，不貴踢寬髀厚肉不著痛癢處。此要訣也，踢者須知。」

「腳踢拳打下乘拳，妙手何處不混然。」

「四肢百骸主於動，而實運之以步，步者乃一身之根基，運動之樞紐也。……捶以論勢，而握要者步也；活與不活在於步，靈與不靈亦在於步，步之為用大矣哉。」

13.骨節

「骨節鬆開。」

「肌膚骨節，處處開張。」

「周身一齊合住勁，且周身骨節各處與各處自相呼應而合，如手與足是也。」

「說合則周身一齊扣合住方佳，至於周身骨節，如左右肘，左右肩，上下各處名目相合者，各自一切照樣合住。」

「手與足，肘與膝，肩與胯，上下、左右、前後，運轉停勢時亦各呼應對齊，開則俱開，合則俱合。」

「骨節要對，不對則無力。」

「骨節齊鳴。」

五、擖手拳論

1.擖手論集錄

「沾連黏隨，會神聚精，運我虛靈，彌加整重。……細膩熨貼，中權後勁。」

「不即不離，不沾不脫，接骨逗榫，細心揣摩。」

「乾剛坤柔，陰陽並用；不偏不倚，無過不及。」

「不先不後，迎送相當，前後左右，上下四旁，轉接靈敏，緩急相將。」

「神以知來，智以藏往。」

「兩手轉來似螺紋，一上一下甚平均，全憑太極真消息，四兩撥動八千斤。」

「中氣貫足，切忌先進，淺嘗帶引，靜心待動。」

「闔辟動靜，柔之與剛；屈伸往來，進退存亡。一開一合，有變有常；虛實兼到，忽見忽藏。健順參半，引進精詳；或收或放，忽弛忽張。」

「內以誠心商榷，外以柔順之氣引人之進，是以剛氣伏於柔中也。」

「我之交敵，純以團和氣引之使進。」

「不可使硬氣，亦不可太軟，折其中而已。」

「又半引半進，帶引帶進，即引即進，以引為進，陰陽一齊並用，此所謂：道並行而不悖。非陰陽合德，不能心機一動手即到，快莫快於此。」「其半引半進之法，肘以上引之使進，手以下勁往前進，胳膊背面為陽，裡面為陰，則是陽引陰進之法，非互為其根不能。」

「手用引勁引開敵人之手，須用纏絲勁引之，令其立腳不穩。」

「伸中寓屈何人曉，屈內寓伸識者希。」

「徐徐引進入莫曉，漸漸停留意自深，右實左虛藏戞擊，上提下打寓縱擒。」

「先引後進人誰識，太極循環一圈圓。」

「引進落空最為先。」

「敵以手來，我以手引，即引即打，非既引之後而後擊之，於此足證陰陽互為其根之實。」

「引進之勁說不完，一陰一陽手內看，欲抑先揚真實

理，擊人不在著先鞭。」

「兩人手交，我守我疆，不卑不亢，九折羊腸；不可稍讓，如讓他人，人立我跌，急與爭鋒，能上莫下，多佔一分，我據形勝。」

「來宜聽真，去貴神速。」

「至疾至迅，纏繞回旋。」

「力貴迅發，機貴神速，一遲即失敗，一迅疾即得勢。」

「進如疾風吹人，電光猛閃，愈速愈好。」

「發手要快，不快則遲誤；打手要狠，不狠則不濟。」

「勢如手推山岳，欲令傾倒，……頂勁領好，腰勁下好，襠勁撐圓，足底用力踏地，膀力用到掌上，周身力氣俱注於左右手掌上，推時力貴神速，縱不能推倒，亦可令其後退數步。」

「人來感我，不肯輕放過我；我之感人，豈肯輕放過人？勢必至用全身力和欲推倒山岳之勢以推。」

「此身有力須合併，更須留心脊背間。」

「煉就金剛太極尊，渾身合下力千斤。」

「然非徒以氣大為之，而實以中正元氣運轉催迫，令其不得不倒退，且以引進擊搏之術，行於手足之中，又使不能前近吾身。」

「心手眼足一氣，敵被我擒預定。」

「柔中寓剛，人所難防。」

「虛籠詐誘，只為一轉。」

「陡然一轉人不曉。」

「轉引轉擊，……一片神行。」

「欲剛先柔，欲揚先抑，太和元氣，渾然中伏。」

「中氣運於心，一發莫比毒；何況進如風，疾迅誰能敵？形骸與人同，用法只我獨。不是別有方，只為中氣足。」

「但憑得周身空靈，一縷中氣隨勢揚。」

「拳者，權也。所以權物而知其輕重者也。然其理實根乎太極，而其用不遺乎兩拳，且人之一身，渾身上下都是太極，即渾身上下都是拳，不得以一拳目拳也。」

「眼力手法兼身法，黏著何處何處動。」

「精神團聚周身健，旋乾轉坤手內存。」

「功久則靈，其靈無比，依著即知，自然有應，不即不離，沾連黏隨；如蠅落膠，有翅難飛，此中之妙，微乎其微。」

「若是功夫純熟，由其大無外之圈，造到其小無內之境，不遇敵則已，如遇勁敵，則內勁猝發，如迅雷烈風之摧枯拉朽，孰能當之！」

「即擒即縱纏絲勁，須於此內會天機。」

「問：耍拳纏絲勁作何用？蓋硬與人直接者則人易躲閃，易離去，惟以柔接之，則人易其柔軟而心不懼，心不懼故不躲閃，惟以其柔軟纏絲法接之，未黏住人身則已，如黏住人身，則人不能躲閃；躲則以手跟之，如漆膠黏硬物，物自不能躲閃，離則以纏法纏繞其肱，如蜘蛛以絲纏蠅，又如已上之螺絲，欲硬拔去不得。故未黏住人之肱則已，如既黏住，則吾以纏絲法捻住其肉，當纏而繞之、沾之、連之、黏之、隨之，令其進不得進，進則前入坑坎；退不得退，退則恐我擊搏，故不敢硬離去。此纏絲勁之在拳中最為緊要妙訣

也。」

「至成時，敵人怎來怎應，不待思想，自然有法。……但依著何處，即以何處（此是本地風光，最難最難）引而擊之，時措咸宜，莫名其妙，真不思而得，不勉而中也。

然而未成者不能也。

問：要到何時算成？曰：此中層級，終身閱不盡。但以目前粗疏者言之，大成則九年，小成則七年，至於精妙，亦終身不盡之學。」

「先合者以合打之，後開者以開打之，手足無在非轉圈之時，即無在非打人之地，……吾豈有心打人哉！吾自打吾拳，亦行所無事而已矣。拳至此，藝過半矣。」

「拳術家創立纏絲勁法，默行乾坤不息之螺旋線，循環無端，神妙萬物，其至命矣夫，技藝云乎哉！」

2.擖手十六目

(1) 較（較，是較量高低）

(2) 接（接，是兩人手相接也）

(3) 沾（沾，是手與手相沾，如「沾衣欲濕杏花雨」之沾）

(4) 黏（黏，如膠漆之黏，是人既沾我手，不能離去）

(5) 因（因，是因人之來）

(6) 依（依，是我靠住人身）

(7) 連（連，是手與手相接連）

(8) 隨（隨，是隨人之勢以為進退）

(9) 引（引，是誘之使來，牽引使近於我）

(10) 進（進，是令人前進，不使逃去）

(11) 落（落，如落成之落，簷水下滴於地；又如葉落

於地）

（12）空（空，宜讀去聲，人來欲擊我身，而落空虛之地）

（13）得（得，是我得機、得勢）

（14）打（打，是機勢可打，乘機打之）

（15）疾（疾，是速而又速，稍涉延遲，即不能打，機貴神速）

（16）斷（斷，是決斷，一涉猶疑，便失機會，過此不能打矣）

3. 攜手三十六病

（1）抽（抽，是進不得勢，知己將敗，欲抽回身）

（2）拔（拔，是拔去，拔回逃去）

（3）遮（遮，是以手遮人）

（4）架（架，是以胳膊架起人之手）

（5）搕打（搕打，如以物搕物而打之）

（6）猛撞（猛撞者，突然撞去，貿然而來，恃勇力向前硬撞，不出於自然，而欲貿然取勝）

（7）躲閃（躲閃者，以身躲過人手，欲以閃賺跌人也）

（8）侵凌（侵凌者，欲入人之界裡而凌壓之也）

（9）掣（如以刀斫物）

（10）摟（摟者，以手摟人之身）

（11）揖（揖者，將手揖下去）

（12）搓（搓者，如兩手相搓之搓，以手肘搓敵人也）

（13）欺壓（欺是哄人，壓是以我手強壓住人之手）

（14）掛（掛，是以手掌掛人，或以彎足掛人）

（15）離（離，是去人之身，恐人擊我）

(16) 閃賺（閃賺者，是誆愚人而打之）

(17) 撥（撥，是以我手硬撥人）

(18) 推（推，是以手推過一旁）

(19) 艱澀（艱澀，是手不熟成）

(20) 生硬（生硬者，仗氣打人，帶生以求勝）

(21) 排（排，是排過一邊）

(22) 擋（擋，是不能引，以手硬擋）

(23) 挺（挺者，硬也）

(24) 霸（霸者，以力後霸也，如霸者以力服人）

(25) 騰（騰，如以右手接人，而復以左手架住人之手，騰開右手，以擊敵人）

(26) 拿（拿，如背人之節以拿人）

(27) 直（直，是太直率，無綿纏曲折之意）

(28) 實（實，是質樸太老實，則被人欺）

(29) 勾（勾，是以腳勾取）

(30) 挑（挑者，從下往上挑之）

(31) 掤（掤，以硬氣架起人之手，非以中氣接人之手）

(32) 抵（抵，是硬以力氣抵抗人）

(33) 滾（滾，恐己被傷，滾過一旁，又如圓物滾走）

(34) 跟頭棍子（跟頭棍是我捺小頭，彼以大頭打我）

(35) 偷打（偷打者，不明以打人，於人不防處偷打之）

(36) 心攤（心攤者，藝不能打人，心如貪物探取，打人必定失敗）

以上三十六病，或有全犯之者，或有犯其四、五，或有

犯其一、二者，有犯干處皆非成手。手到成時，無論何病，一切不犯，益以太和元氣，本無乖戾故也。然則撝手將如之何？亦曰：「人以手來，我以手引之使進，令其不得勢擊，是之謂走；走者，引之別名。何以既名引，又名走？引者，誘之使進；走者，人來我去，不與順勢，是之謂走。然走之中，自帶引進之勁（功純者引之使進，不敢不進，進則我順人背而擒縱在我），此是拳中妙訣，非功久不能。

附註：撝手十六目和撝手三十六病，為陳鑫《陳氏太極拳圖說》原稿文字，唐豪於 1932 年 1 月約同陳子明去陳家溝調查太極拳歷史時，抽出此兩篇刊入陳子明《陳氏世傳太極拳術》一書中。茲參考《陳氏太極拳匯宗》所載，加以校補。（顧留馨）

4.撝手歌二首

掤攦擠捺須認真，引進落空任人侵，周身相隨敵難近，四兩化動八千斤。

上打咽喉下打陰，中間兩脅並當心，下部兩臁併兩膝，腦後一掌要真魂。

註：前一首為陳氏舊傳歌訣，見於陳氏兩儀堂本拳譜者為：「擠掤摟捺須認真，上下相隨人難進，任他巨力人來打，牽動四兩撥千斤。」陳子明據別本抄出者，題為《擠手歌訣》，有六句：「掤擤擠捺須認真，周身相隨人難進，任人巨力來攻擊，牽動四兩撥千劢。引進落空合即出，沾連黏隨就屈伸。」陳氏三本所載，與李亦畬手抄本午陽縣鹽店王宗岳所修訂者又有異同。徐震《太極拳考信錄》云：「蓋在陳溝，初只十口相傳，久而稍異，及各據所聞，筆之於書，遂不能悉合也。」此亦為推定之詞，四句有異文，並衍為六句，亦可推定為後人修訂文字之證。

第二首為拚死活之打法，僅見於陳鑫書中，可能係陳鑫綴錄舊說，附於舊傳四句之後。

六、陳鑫等拳論短文選

1. 咏太極拳（五言俚語）

太極理循環，相傳不計年，此中有精義，動靜皆無愆。收來名為引，放出箭離弦（此二句上句言引進落空，下句言乘機擊打），虎豹深山踞，蛟龍飛潭淵（上句言靜，下句言動），開合原無定（活潑潑地），屈伸勢相連（卻有一定）。太極分陰陽，神龍變無方，天地為父母，摩蕩柔與剛，生生原不已，奇正不尋常。乾坤如橐籥，太極一大囊，盈虛消息故，皆在此中藏。至終復自始，一氣運弛張，有形歸無跡，物我兩相忘（與道合一）。太極拳中路，功夫最為先，循序無躐等，人盡自合天。空談皆漲墨，實運是真銓。鳶飛上戾天，魚躍下入淵，上下皆真趣，主宰貴精研。若問其中意，道理妙而玄，往來如晝夜，日用耀光圓。會得真妙訣，此即太極拳，凡事皆如此，不但在時間。返真歸樸後，就是活神仙，隨在皆得我，太璞自神全（仍歸太極）。

2. 太極拳纏絲法詩

● 七言古　三首

動則生陽靜生陰，一動一靜互為根，果然識得環中趣，輾轉隨意見天真。

陰陽無始又無終，來往屈伸寓化工，此中消息真參透，圓轉隨意運鴻濛。

一陣清來一陣迷，連環闔辟賴斯提，理經三昧方才亮，靈境一片是玻璃。

● 五言古

理境原無盡，端由結蟻誠，三年不窺圓，壹志並神凝。自當從良師，又宜訪高朋。處處循規矩，一線啟靈明，一層深一層，層層意無窮；一開連一合，開合遞相承。有時引入勝，工欲罷不能。時習加黽勉，日上自蒸蒸；一旦無障礙，恍然悟太空。

3.太極拳發蒙纏絲勁論　陳　鑫

太極拳，纏法也。纏法如螺絲形運於肌膚之上，平時運動恆用此勁，故與人交手，自然此勁行乎肌膚之上，而不自知，非久於其道不能也。其法有：進纏，退纏；左纏，右纏；上纏，下纏；裡纏，外纏；順纏，逆纏；大纏，小纏。而要莫非以中氣行乎其間，即引即進，皆陰陽互為其根之理也。或以為軟手；手軟何能接物應事？若但以跡象視之，似乎不失於硬，故以為軟手。其周身規矩：頂勁上領，襠勁下去（要撐圓，要合住）；兩肩鬆下，兩肘沉下，兩手合住，胸向前合；目勿旁視，以手在前者為的；頂不可倒塌，胸中沉心靜氣；兩膝合住勁，腰勁下去；兩足常用勾勁，須前後合住勁。外面之形，秀若處女，不可帶張狂氣，一片幽閑之神，盡是大雅風規。至於手中，其權衡皆本於心，物來順應，自然合進退、緩急、輕重之宜。此太極之陰陽相停，無少偏倚，而為開合之妙用也。其為道豈淺鮮哉！

4.太極拳推原解　陳　鑫

拳者，權也；所以權物而知其輕重者也。然其理實根乎太極，而其用不遺乎兩拳。且人之一身，渾身上下都是太極，即渾身上下都是拳，不得以一拳目拳也。

其樞紐在一心，心主乎敬，又主乎靜；能敬而靜，自葆虛靈；天君有宰，百骸聽命。動則生陽，靜則生陰，一動一

靜，互為其根。清氣上升，濁氣下降，百會、中極，一體管鍵。

初學用功，先求伏應，來脈轉關，一氣相生；手眼為活，不可妄動。其為氣也，至大至剛，直養無害，充塞天地；配義與道，端由集義，渾灝流行，自然一氣。

輕如楊花，堅如金石；虎威比猛，鷹揚比疾。行同乎水流，止侔乎山立。進為人所不及知，退亦人所莫名速。

理精法密，條理縷析。放之則彌六合，卷之則退藏於密。其大無外，其小無內。中和元氣，隨意所之；意之所向，全神貫注。變化猶龍，人莫能測，運用在心，此是真訣。

不偏不倚，無過不及，內以修身，外以制敵。臨時制宜，只因素裕。不即不離，不沾不脫，接骨逗榫，細心揣摩，真積力久，升堂入室。

5.太極拳體用

● 太極拳體

太極拳之道，開合二字盡之；一陰一陽之謂拳，其妙處全在互為其根。

● 太極拳用

拳之運動，惟柔與剛；彼以剛來，我以柔往；彼以柔來，全在稱量（以我手稱住人之手，如秤稱物；以我之心度人之心，量其上下遲速，或半路變換機勢）。剛中寓柔，與人不侔；柔中寓剛，人所難防。運用在心，不矜不張；中有所主，無任猖狂；隨機應變，終不驚慌。

6.太極拳總論和拳經

一、總論

純陰無陽是軟手，純陽無陰是硬手。一陰九陽跟頭棍，二陰八陽是散手，三陰七陽猶覺硬，四陰六陽顯好手，惟有五陰併五陽，陰陽無偏稱妙手。妙手一著一太極，空空跡化歸烏有。

二、拳經

太極陰陽，有柔有剛；剛中寓柔，柔中寓剛；剛柔相濟，運化無方。

7.陳復元太極拳論　陳子明

先嚴諱復元，字旭初，初學於耕云公，功成後復從仲甡公習新架，故發手能柔如綿，堅如剛，往來口外數十年，未遇敵手。子明少小傳側，習聞拳理，茲就記憶所及者筆述一二，以成本篇，固陋如餘，未能道其萬一也。

● 開合與陰陽

動為陽，靜為陰，一動一靜，即為開合，陰變陽為開，陽變陰為合，此就太極拳之全體而言也。以運化而言，左手領左半身向左方運化者，開為太陽，合為太陰。右手隨之而開者為少陽，合為少陰；右方亦然。剛柔即包於其中，故太極生兩儀，兩儀生四象。兩儀者，陰陽也，亦即開合也。四象者，太陽、太陰、少陽、少陰是也。陰陽開合，互相化生，得其極致則渾元一氣，循環無端，變動莫測。是以不明陰陽開合者，即不明剛柔動靜之互相為用，偏剛偏柔，不能相濟，則去太極拳之根本遠矣。又吾師品三先生謂：「練拳之道，開合二字盡之，一陰一陽之謂拳，其妙處在互為其根而已。」又作七言詩二首，其一云：「動則生陽靜生陰，一動一靜互為根，果能識得環中趣，輾轉隨意見天真。」其二

云：「陰陽無始亦無終，往來屈伸寓化工，此中消息真參透，太極只在一環中。」

● 運化轉關

運化為轉關之先機，關即人之周身穴節，故轉關亦曰轉節。凡初學之人，多尚拙力而無靈勁，故以運化去其滯氣，使轉關達於虛靈，蓋虛則有以聚，靈則有以應；虛者集，靈者感；集者靜，感者動；起落旋轉，開合變化，不能離乎運化轉關。所謂運化轉關者，即由柔筋活節而至接骨逗榫，苟不知此，即不足與言動靜之虛靈者也。

● 虛實

太極拳動靜瞬息之間，無不有虛實，故其練法中之前進、後退、左旋、右轉，以舉足為虛，落足為實，向左則左實，向右則右實，前進則後虛，後退則前虛，倘虛實不分，必犯抽腳拔腿之弊，精而求之，則一處自有一處虛實，練時如是，對待敵人時亦復如是，彼虛則我實，彼實則我虛，虛則實之，實則虛之。臨敵乘機，切無拘泥定法，斯為得其要諦。

● 變化

變化者，有一手之變化，有一著之變化，有一勢之變化，然無論一手、一著、一勢，其變而能化，皆由簡單漸至於詳密。以開合為一手之變化，以轉關為一著之變化，此即上傳下接之義。惟身法、步法，旋轉緊湊，方向之變，皆屬一勢之變化也。由開展至於緊湊，切莫逾乎範圍，亂其循序，自能積手為著，著合為勢，勢聯成套。始練似覺有界，久練功夫嫻熟，自能豁然貫通，運轉自如，千變萬化，隨心所欲矣。

● 步驟

先哲有言：「物有本末，事有終始，知所先後，則近道矣。」如無深淺之別，先後之序，即是失卻根本，無論教者本領若何高強，學者定不能藝超於眾。故練太極拳術之步驟有三層功夫：第一步，學時宜慢，慢不宜痴呆；第二步，習而後快，快不可錯亂；第三步，快後復緩，是為柔，柔久剛自在其中，是為剛柔相濟。教者必由是而教，學者亦必由是而學，則庶乎無差忒矣。

練太極拳術者，固愈慢愈柔者為佳，不宜用力帶氣，又必須知至何時可以換勁，及慢至何時可以速柔，至何時可以剛。此於教授之責攸關，宜從事解釋其發端而至於究竟，繼則實施於法，俾易知用途之次序，為入門之階梯。如能預定進度，因人施發，使學者精神煥發，興趣環生，自必易得門徑，進步迅速。

● 腰襠之開合

練太極拳者對於腰襠兩部之要點不可不知，一開一合，一動一靜，腰襠各有專注，且貴互用，故宜分析明白。

腰之要點曰：擰腰、活腰、塌腰。

襠之要點曰：鬆襠、合襠、扣襠。

擰腰時襠須扣，不扣則散；活腰時襠須鬆，不鬆則滯；塌腰時襠須合，不合則浮。

凡塌腰活襠者為蓄勁，活腰鬆襠者為柔勁。惟出勁時須扣襠擰腰。

茲以各勢各著說明之：如拳式中之掩手捶、披身捶、青龍出水、肘底看拳、閃通背、青龍戲水、二起式、踢一腳、蹬一跟、小擒拿、抱頭推山、前招、後招、野馬分鬃、玉女

穿梭、擺腳跌岔、十字腳、指襠捶、真龍攪水、擺腳、當頭炮等，均屬扣襠擰腰。金剛搗碓、懶扎衣、單鞭、白鶴亮翅、摟膝拗步及收式、合式等，均屬鬆襠活腰。

凡姿勢成時襠宜合，腰宜塌；其義主靜，即本著已停，下著未作，虛靈勁預蓄其中，動則必變必發，故其功效無量。其時間及所趨方向不可預定，遇左則左應，遇右則右應，上下、前後、剛柔、緩急、輕重，悉如之。

● 太極拳之圈

聞諸先嚴，太極功夫以沒圈為登峰造極，非一蹴可幾，必須循序漸進，由大圈收至小圈，小圈收至沒圈，復以內勁為其統馭，連貫變化，運用神妙，技至於斯，形式上無從捉摸之矣。

8.太極拳之要點　陳子明

余綴父師之言，成太極拳要義三篇，又恐初學者不能得其要領，不嫌繁複，謹舉其要點，以為初步研究者參考。

1.性質：太極拳之性質，吾師品三雖言「剛中寓柔，柔中寓剛，剛柔相濟，運化無方」，此言成手時之功夫也。初學宜以自然柔活為主，柔宜鬆，活宜領，柔而不鬆，活而不領，即不自然，安能致堅剛於將來哉。

2.方法：太極拳之方法，其最主要者為：「虛實開合，起落旋轉」八字，初學宜辨別清楚。

3.程序：習太極拳之程序，須先慢後快，快後復緩，先柔後剛，然後剛柔始能相濟。

4.姿勢：動作停止時之架式曰姿勢，太極拳姿勢之要點，不外乎手領眼隨，身端步穩，肩平身合，尤須注意頂襠兩部之勁，無使有失，否則必致上重下輕，周身歪斜，站立

不穩之病百出矣。

5.動作：太極拳之動靜作勢，純任自然，運化靈活，循環無端，要知其虛實開合，起落旋轉，俱從圓形中來。凡初步入門，以大圈為法，始則柔筋活節，進則接骨斗榫。學者誠明乎此，身作心維，朝斯夕斯，精而求之，進步自速。

6.呼吸：呼吸調氣，足以發達肺部，若於早晨呼吸後練拳術，或在練習拳時有相當之呼吸，隨其動靜出納以調氣，則筋肉與肺部必同時發育，自無肺弱之患。

7.精神：太極拳之精神以虛靈為極致，初習者固不能達此境界，然能守所舉要點，鍥而不捨，久久自能水到渠成。

8.周身相隨：四肢百骸協同動作，此之謂周身相隨，故太極拳一動無有不動，一靜無有不靜。

9.變著轉勢：太極拳之變著與轉勢，原屬兩解。（一）前著已停，下著未作，其中間之動作成一勢名曰變著，如懶扎衣下練之右合式，又如摟膝拗步下練之右收左，野馬分鬃、玉女穿梭前之兩個左收左，均為變著。（二）此著一停要作下著中間之一動作名曰轉勢，如單鞭以下之左轉，又如掩手捶以下之右轉等動作，均屬轉勢，均須辨別明白。

10.身作心維：語曰「口誦心維」，讀書且如此，況習武乎？故身而作，心而維，實習最易使人進步之一法。太極拳之身作心維，至要者曰：身宜作其圓活，心宜維其虛靈。

11.無貪無妄：習太極拳最忌貪多，尤戒妄動，凡運用與姿勢均須求其正確，庶練成後不致犯病，而精進自易，若貪若妄者，成就終鮮，此弊初學什九難免，切宜注意。

（以上兩篇摘自陳子明著《陳氏世傳太極拳術》，1932年上海版）

（顧留馨選編整理）

太極武術教學光碟

太極功夫扇
五十二式太極扇
演示：李德印 等
(2VCD)中國

夕陽美太極功夫扇
五十六式太極扇
演示：李德印 等
(2VCD)中國

陳氏太極拳及其技擊法
演示：馬虹(10VCD)中國
陳氏太極拳勁道釋秘
拆拳講勁
演示：馬虹(8DVD)中國
推手技巧及功力訓練
演示：馬虹(4VCD)中國

陳氏太極拳新架一路
演示：陳正雷(1DVD)中國
陳氏太極拳新架二路
演示：陳正雷(1DVD)中國
陳氏太極拳老架一路
演示：陳正雷(1DVD)中國
陳氏太極拳老架二路
演示：陳正雷(1DVD)中國
陳氏太極推手
演示：陳正雷(1DVD)中國
陳氏太極單刀‧雙刀
演示：陳正雷(1DVD)中國

郭林新氣功
(8DVD)中國

本公司還有其他武術光碟
歡迎來電詢問或至網站查詢
電話：02-28236031
網址：www.dah-jaan.com.tw

原版教學光碟

歡迎至本公司購買書籍

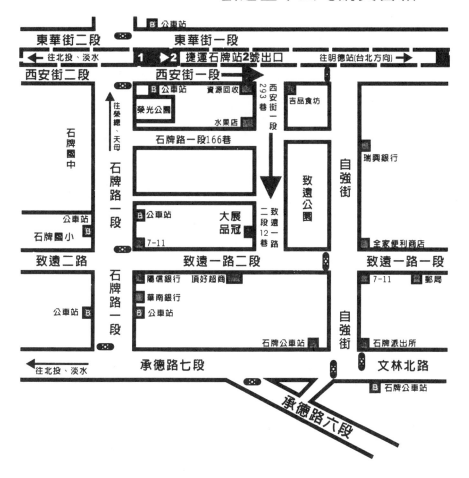

建議路線

1.搭乘捷運、公車

　　淡水線石牌站下車，由石牌捷運站2號出口出站(出站後靠右邊)，沿著捷運高架往台北方向走(往明德站方向)，其街名為西安街，約走100公尺(勿超過紅綠燈)，由西安街一段293巷進來(巷口有一公車站牌，站名為自強街口)，本公司位於致遠公園對面。搭公車者請於石牌站(石牌派出所)下車，走進自強街，遇致遠路口左轉，右手邊第一條巷子即為本社位置。

2.自行開車或騎車

　　由承德路接石牌路，看到陽信銀行右轉，此條即為致遠一路二段，在遇到自強街(紅綠燈)前的巷子(致遠公園)左轉，即可看到本公司招牌。

國家圖書館出版品預行編目資料

〈珍貴本〉陳式太極拳／沈家楨、顧留馨編著
－初版－臺北市，大展，2002【民 91】
面；21 公分－（武術特輯；42）
ISBN 978-957-468-145-7（平裝）
1. 太極拳
528.972　　　　　　　　　　　　　91007580

〈珍貴本〉陳式太極拳

編 著 者／沈家楨、顧留馨
審　　定／中國武術協會
責任編輯／王　　潔
發 行 人／蔡 森 明
出 版 者／大展出版社有限公司
社　　址／台北市北投區（石牌）致遠一路 2 段 12 巷 1 號
電　　話／(02) 28236031・28236033・28233123
傳　　真／(02) 28272069
郵政劃撥／01669551
網　　址／www.dah-jaan.com.tw
E-mail／service@dah-jaan.com.tw
登 記 證／局版臺業字第 2171 號
承 印 者／傳興印刷有限公司
裝　　訂／眾友企業公司
排 版 者／弘益電腦排版有限公司
授 權 者／北京人民體育出版社
初版 1 刷／2002 年（民 91 年） 7 月
初版 4 刷／2010 年（民 99 年） 3 月　　　　　　定價／280 元

大展好書　好書大展
品嘗好書　冠群可期

大展好書　好書大展

品嘗好書·　冠群可期